JN288794

アイデア×アイデア

百式管理人 田口元
www.100shiki.com

英治出版

世界のアイデアと

あなたのアイデアを

かけ合わせてみよう

未知なる体験でひらめく

意外な変化が起きてくる

人と協力して作り出す

今までと違う見方がしたくなる

次のコンセプトが浮かんでくる

見えない世界が見えてくる

未知なる体験でひらめく

走って逃げる以外の道

http://www.no-contact.com/

昨日ほろ酔い気分で夜道を歩いていたら、前を歩いていた女性が急に早足で走り去った。「やや、拙者あやしいものでは……」と思ったが、気持ちは痛いほどよくわかった。悲しいことに犯罪が皆無という社会でもないので、用心するにこしたことはないと思うからだ。

そう考えると、No-Contactが販売予定のジャケットは現実に必要なものなのだろう。

このジャケット、女性が自衛のために着るものであるが、ただのジャケットではない。なんと、つかまれると軽い電流を流してくれる、という驚きの機能が搭載されている。

ただ、もちろん電流は生命の危険にかかわるほど強いものではない。相手が驚いたらダッシュで逃げる、という使い方が正しいのだろう。

また当然のことながら誤動作をしないように、使う際には袖についた鍵を解除しなくてはいけないとか、さまざまな工夫が凝らされている。

ここまでエクストリームな仕掛けでなくてもよいと個人的には思う。しかし、危険を回避するためには、走って逃げる以外の選択肢があってもいいだろう。**自分やほかの人が走って逃げるようなシーンにはどんなものがあるだろうか。そうしたシーンでどういった防御策が可能だろうか。**

アイデア　001

不審な人につかまれると電流が流れるジャケット

01

女性用のこのジャケット、もちろん普通ではない。

02

物騒な世の中、このようにうしろからつかまれることもないわけではない。しかしこのジャケットを着ていれば大丈夫だ。

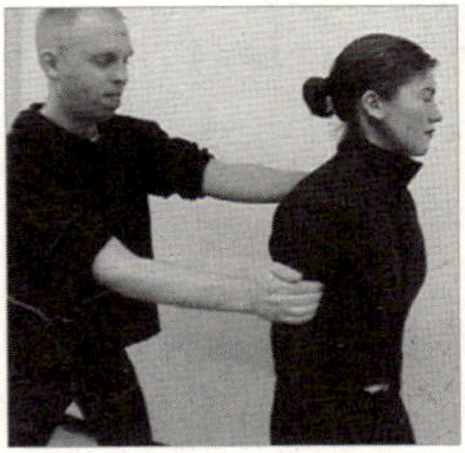

03

なんと夜道でつかまれたらジャケットに微弱電流を流してくれるのだ。相手が驚いているすきにさっと逃げ出すことができる。

通報を自動化する

http://www.shotspotter.com/

最近目の前で交通事故を目撃した。幸いたいしたことにはならなかったが、車と人がぶつかって人が思い切り飛んだので、その場で救急車を呼んだ。

そのときに苦労したのが場所の伝え方だ。周りに目立った目印もなく、交差点の名前もないようなところだったので、場所の説明に思ったより時間がかかってしまった。なにかうまく場所を伝えられるような仕掛けがあればいいのだが……とそのとき痛切に思った。

そう考えると、Shot Spotterの仕組みはうまくできている。このサイトでは銃声を検出、その位置を割り出して警察に自動で通報する、というシステムを地域向けに販売している。

その秘密は地域に設置される複数の隠しセンサーにある。このセンサー、銃声の音響にのみ反応し、複数地点でそれを検出することにより、かなりの精度で銃声が起きた場所を割り出すことができるのだ。

結果として警察が急行できるので惨事が広がるのを防ぐことができる。またその地域ではすぐに警察が急行すると広まれば事件の予防にもなるだろう。

緊急の要件を伝える〈通報〉という行為はそもそも通報の必要がないくらい自動化されているべきだ。**あなたの身の回りの〈通報〉にはどんなものがあるだろうか。それを自動化することはできないだろうか。**

アイデア　002

銃声を感知して瞬時に位置を割り出し、通報してくれるシステム

01

街に銃声が鳴り響く。その銃声を街に仕掛けたセンサーで検出するのがShot Spotterのシステムだ。

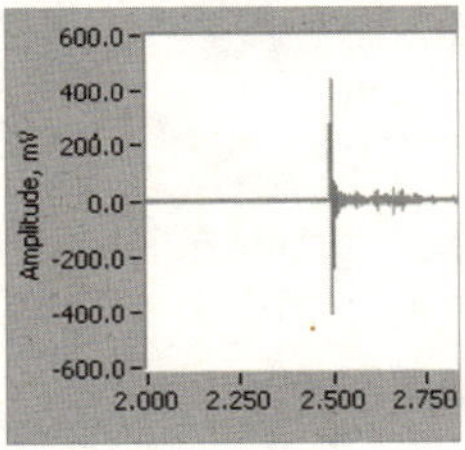

02

複数のセンサーが感知した銃声から、事件発生の場所をすばやく割り出すことができる。

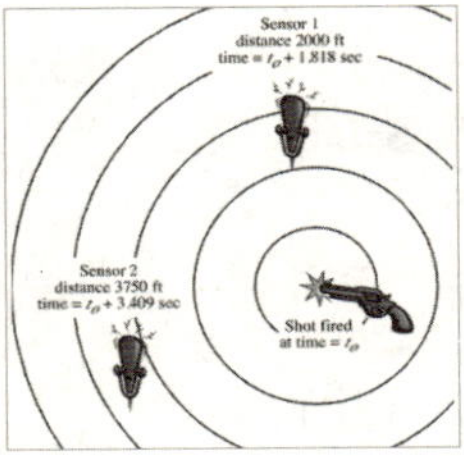

03

事件発生の場所は地図上で示され、警察がすぐに出動できる。

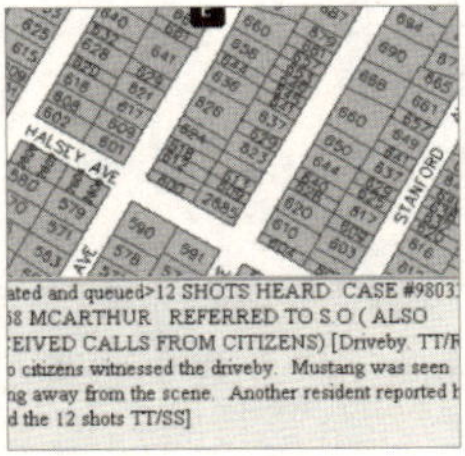

移行をスムーズに

http://www.returnpath.com/

メールアドレスが変わるといろいろ面倒だからプロバイダーは今のままでいい、という人はけっこう多い。明らかに条件のいいプロバイダーがほかにあっても、である。

そういった人にはReturn Pathのサービスがおすすめだ。このサイトでは、旧メールアドレスから新メールアドレスへスムーズに移行するためのサービスを提供している。

使い方は簡単で、新旧のアドレス（両方とも有効になっていないといけない）を登録するだけだ。すると、古いメールアドレスに来たメールを新アドレスに転送してくれるのに加え、古いメールアドレスにメールを送ってきた人に「メールアドレスはこう変わりました」のお知らせメールも自動で送ってくれるのだ。メールアドレスを変えました、といちいち友達に知らせなくてもいいのが便利だ。

新サービスが次々と出現するなか、こうした移行にまつわるサービスはあまり充実していない。新サービスは便利そうだけど移行するのが面倒だからやらない、というのはよく聞く話である。

移行というプロセスに注目してみると新しい製品やサービスが思いつくのかもしれない。

アイデア　003

メールアドレスが変わったことを自動で知らせてくれるサービス

01

メールアドレスが変わるときは、変更前、変更後のメールアドレスをReturn Pathに登録しておく。

02

そうすると、古いメールアドレスに来たメールはすべて新しいメールアドレスに転送される。

03

それだけではなくて、古いメールアドレスにメールを送ってきた人には「メールアドレスを変更しました。今後は次のアドレスに送ってください……」というメールを自動で送ってくれるのだ。

増え続けるデータの関連性

http://www.creo.com/

遠くの情報ほど探しやすくなっていて、近くの情報ほど探しにくくなっている。最近、そんなことをよく考える。

アメリカの人口の推移、といった一般的な情報はGoogle★で一発で調べられる。10秒もかからずに調べられる人もいるだろう。一方、個人的な情報（このまえこのファイルを送った人が誰だったか、といったもの）を探し当てるのには時間がかかる。

そう考えると、CreoのSix Degreesが便利だ。このソフト、メールソフトの添付ファイル、メッセージ、宛先を立体的に検索する仕掛けを提供してくれる。

このファイルを送った人は誰か。1人だけか、それとも複数の人か。その人にはほかにどんなメッセージを送ったか。そのメッセージをほかに送った人は誰かいるか。

そんなことを簡単なマウス操作だけで検索することができる。また過去1週間のうち、といった時間軸での絞り込みもできるので使い勝手はかなりいい。

サイトの関連性をさぐることによって情報検索性を高めたGoogle。それと同じことを手元のメールやファイルでも実現できるといい。**今後確実に増え続けるデータ、それらのデータ間にどんな関連性があるか、考えてみてもいいだろう。**

Google★：高機能な検索エンジン（http://www.google.com/）

アイデア 004

「このファイルをどの人に送ったっけ」を瞬時に教えてくれるメールソフトウェア

01

大量のメールをさばく必要が出たら、Creo社のSix Degreesが便利だ。

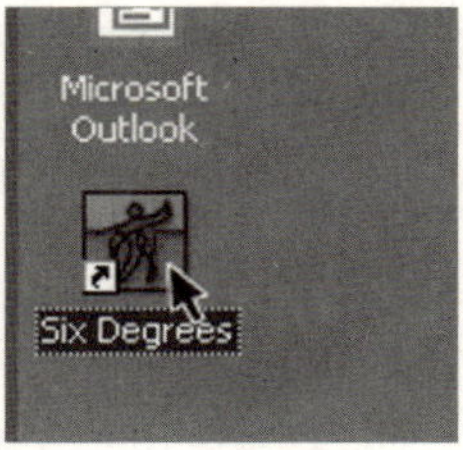

02

「誰かにこのファイルを添付して送った。でも誰に送ったっけ？」という厄介な問題も、Six Degreesなら瞬時に解決してくれる。

03

誰にどのファイルを送ったか、どのメールに添付して送ったかが、ボタン一発でわかるのだ。増え続けていくメールには必須の機能だろう。

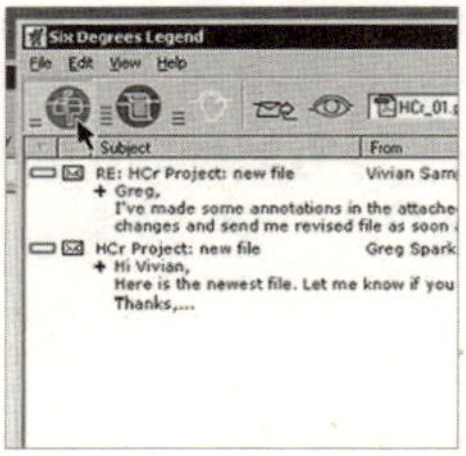

変えられない？ わけがない

http://www.ifmachines.com/

部屋の模様替えを検討中だ。いらない家具をなるべく捨て、シンプルな生活を目指すことに決めた。

しかし模様替えは何もかも買い換えなくてはいけないから面倒だ。せめて色だけでも簡単に変えられたら毎日新鮮な気分で生活できるのに。

そんなことを思っていたら、International Fashion Machinesのサイトを見つけてしまった。このサイトではなんと、電気で色を変えられる繊維を開発している。

スイッチ1つでカーテンやらタペストリーやらの色を変えることができるのだ。もちろん色の変化をプログラムしておくことも可能だ。将来的には、この技術を使って、色を簡単に変えられる服（しかも洗濯可能！）なども出てくるだろう。

気分によっていろいろ変えたいけれどそう簡単には変えられない。この技術のように、そうした状況を解決してくれる製品やサービスはほかにも考えられそうだ。

変えたいけど、変えるのが面倒。そうしたものにはどんなものがあるだろうか。

アイデア　005

電気で色を変えられる繊維

01

International Fashion Machinesのサイトではとてもユニークな繊維を開発している。

02

なんとこの繊維、そこに流れる電流を操作すれば布の色が変わるのだ。たとえばこんな模様もスイッチ一発で……。

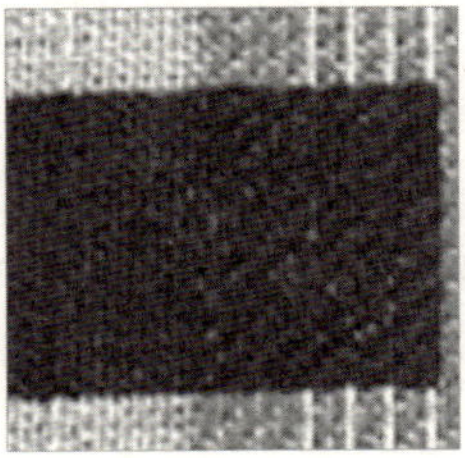

03

このように模様が変わってしまう！（上の写真と見比べてみよう）ボタン一発で部屋の模様替え、という未来はすぐ近くまできているのかもしれない。

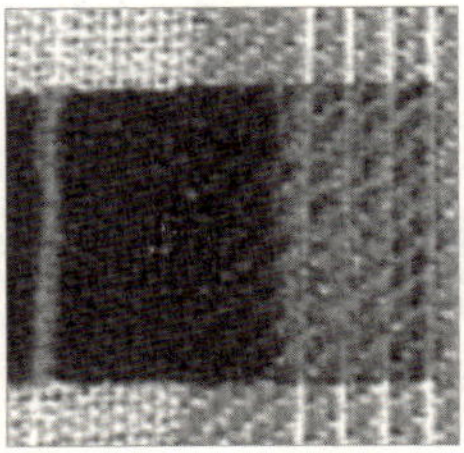

自分の動作が反映される

http://www.virtusphere.com/

最近3Dゲームを衝動買いしたのだが、3回くらい起動したのちにそれっきり遊ばなくなってしまった。

理由は3D酔いしてしまうからだ。画面がスムーズに動いてくれるのはいいのだが、リアルすぎて身体と意識の中で動作の認識のずれが出てくるのだ。それがゆえに身体の平衡感覚を失い、酔ってしまう。

「そんなことではバーチャル人間への道は遠いですね」と以前、ゲーマーの友人に言われたことがあった。バーチャル人間にまではなりたくないが、3D酔いせずに普通にゲームを楽しみたいものである。

そう考えるとVirtuSphereには期待できる。これはバーチャル世界用のコントローラーで、球状をしており、下にローラーがついている。その中に入って歩き回ることでゲームの中の動作をコントロールできるのだ。

これを使えば身体の感覚とバーチャル世界での感覚が一致して3D酔いすることがないだろう。ふだん自分が歩いているようにゲームの中で動けるからだ。

さまざまなゲームやアプリケーションが続々と開発されているが、自分の動作がそのままコンピュータの中での動作になるようなインターフェースはもっと出てきてもいいだろう。

アイデア　006

中に入って操作する巨大な球状のコントローラー

01

この巨大なボール、中に人が入っているが、一体何をするものなのだろうか。

02

実はこれ、ゲームのコントローラーなのだ。この中で歩き回ると、ゲームの世界でも同じように移動することができる。

03

中に入る際には、専用のディスプレイとコントローラーを装備する。

じゃまさせない

http://www.mousebungee.com/

人ごみのせいで自分の思ったように歩けない、電話の受話器を取ろうと思ったらコードがぐるぐるしてうまく取れない。ちょっとしたことだが人は進行方向をふさがれるとイライラしてしまう。

マウスのコードが邪魔でうまくマウスを動かせないときも同様である。そんなときはMouse Bungeeの製品がおすすめだ。この製品は机の端のほうでマウスのコードをひょいと持ち上げておいてくれる。したがってマウスのコードが机の上で邪魔になることがない。

コードレスマウスを使えばいいじゃないか、というむきもあろうが、今ある使い慣れたものを使いたい、コードレスはどうも……なんて人におすすめだ。電池がいらないのもポイントが高い。

進行方向を妨げるものを取り除く。そうした発想がヒントになるだろう。ふだん、身体がどういうふうに動いているか自分で観察してみたり、人に観察してもらおう。そうすると新しい発想が生まれるのかもしれないですね。

アイデア　007

マウスのコードが気にならなくなる道具

01

この不可思議な形をした道具が、あなたのマウスライフをぐっと快適なものに！

02

このようにマウスにつなげばコードがからまったり、邪魔になったりしない。それだけだが、実に快適な作業環境を提供してくれる。

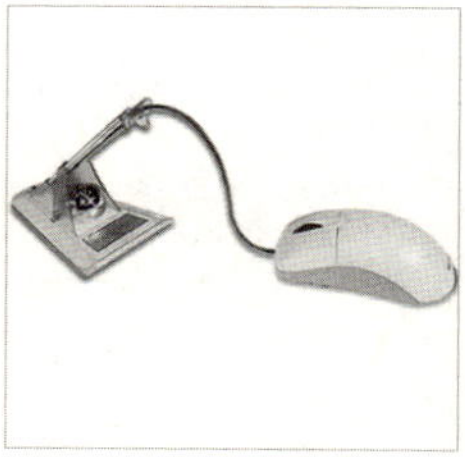

03

同社ではこの道具とマウスパッドがセットになった製品も販売。マウスパッドには自分の好きな写真を入れておくこともできる。

いつまでも楽しめる仕掛け

http://www.endlesspools.com/

プールで背泳ぎしていると気持ちがよくて、「あー、このままずうっと泳いでいたい」と思う。そしてそう感じた瞬間に頭が壁に激突したりする。目玉から稲妻が飛び出す瞬間である。

したがって、背泳ぎをするときは壁にぶつからないようにちょくちょく位置を確認しなくてはいけない。ただしそうなると、のんびり泳いでいるという気持ちにはあまりなれない。

これこそ僕が個人的に〈背泳ぎのジレンマ〉と呼んでいる現象だ（今作ったけど）。

しかしそんなジレンマもEndless Poolsがあれば解決だ。このプール、進行方向と逆の流れで水流を作ってくれる。つまりいつまで泳いでも壁に激突することがないのである。ブラボー。

背泳ぎに限らず**「ずーっと、このまま……」というシーンはほかにもある。そんなシーンを連続して楽しめるような仕掛けが考えられないだろうか。**

アイデア　008

いつまで泳いでも終わりのないプール

01

一見普通に見えるこのプール。もちろんそこにはひと工夫がある。

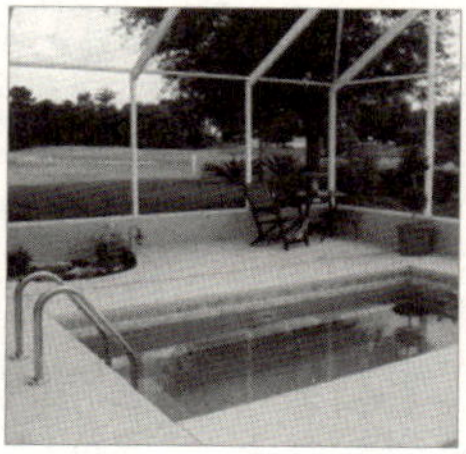

02

何とこのプール、いくら泳いでも向こう側に着かないのだ。ターンをする必要もなく、そのままずうっと泳ぎ続けることができる。

03

その秘密はプールに備え付けられたファンにある。このファンが、進行方向とは逆向きの水流を作り出してくれるのだ。

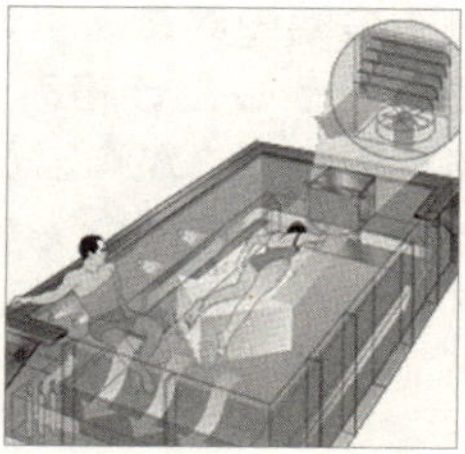

その場の興奮と引き換えに諦めているもの

http://www.theinsiderusa.com/

コンサートや試合会場に出かけて行くのは楽しい。音や光や振動を全身で受けることができるからだ。

しかしその体験と引き換えに、家にいたらテレビで楽々見られるようないい場面を見逃してしまうこともある。遠くから見ていたり、一定の角度からしか見られないためである。

でもまぁ、リアルな体験にはかえられないからしょうがない……。そんなふうに諦めていた人に朗報である。The Insider USAが開発した、野球場専用の双眼鏡型テレビを使えば、おいしい場面を見逃すことはない。

この双眼鏡型テレビを使えばその場にいる興奮を味わいつつ、テレビで見るような映像も大画面並の迫力で味わうことができる。

また、試合に飽きたときや休憩時間には、ニュースやほかの娯楽番組を見ることもできる。

その場の興奮と引き換えに諦めているものを提供する。そうした仕組みが今後必要になってくるだろう。あなたがどこかへ出かけるために、しょうがないかぁ、と諦めてしまったもの。そうしたものを諦めないためには何ができるだろうか。

アイデア　009

野球場で自分の見たい場面だけ詳しく見られる双眼鏡

01

The Insider USAではユニークな双眼鏡のような機器を開発している。野球を見に来た人はこれを球場で使うことができる。

02

ただし、このスタイリッシュな機器、双眼鏡のように遠くのものを見るわけではない。

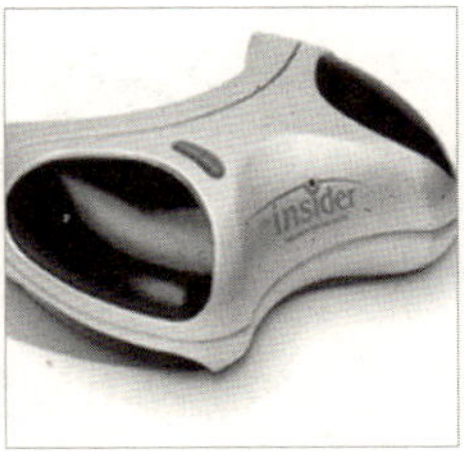

03

なんとこの双眼鏡をのぞくと、名場面のリプレイや、別アングルからの映像を見ることができる。またニュース番組を見たり、子供が退屈したときにはアニメを見せることもできるのだ。

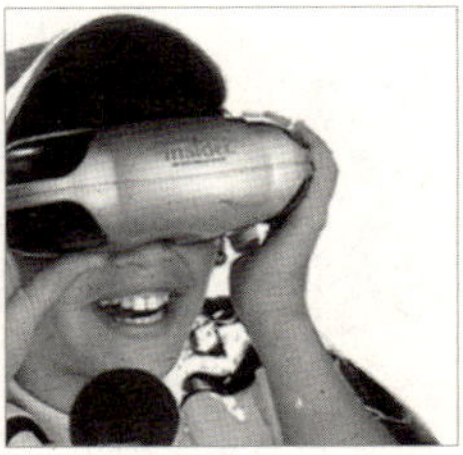

あなたの判断を変える

http://www.celebmatch.com/

最近友人の誕生日パーティーに行った。行ってみると、ひさしぶりに会う人がたくさんいて、とても楽しかった。

そしてもう1つ楽しかったのは、その場で行った性格診断カードみたいなものだ。願いごとや占いたいことを念じてカードをひく、というものである。

女性はやはり恋愛に興味があるらしく、「今の恋はうまくいくのかしらん」などと言いながらカードをひいていた。

占いがいいのはそこに害がない点だ。

いい結果になれば「うれしい！」となるし、悪い結果になれば「所詮占いよね……」と手のひらを返す。

このように自分で占いの結果をコントロールできる人にはCelebMatchがおすすめだ。このサイトではいわゆるセレブ（有名人）とあなたの相性を算出してくれる。

結果を判断するのはあなた次第。占いに限らず、そうした姿勢を保っていられれば楽しい人生を選択できるのかもしれませんね。

アイデア　010

あなたと有名人の相性を計算してくれるサイト

01

CelebMatchのサイトであなたの誕生日、性別を入れてみよう。

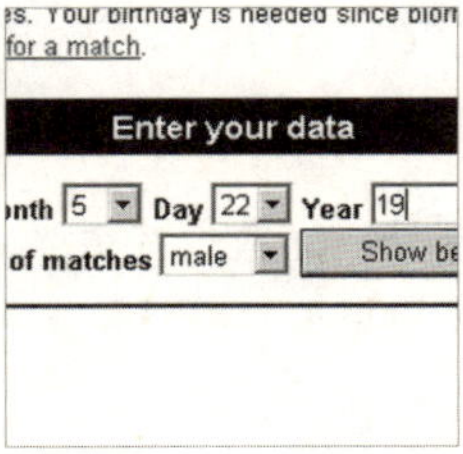

02

そうするとあなたと相性のいい有名人のトップ5を教えてくれる。

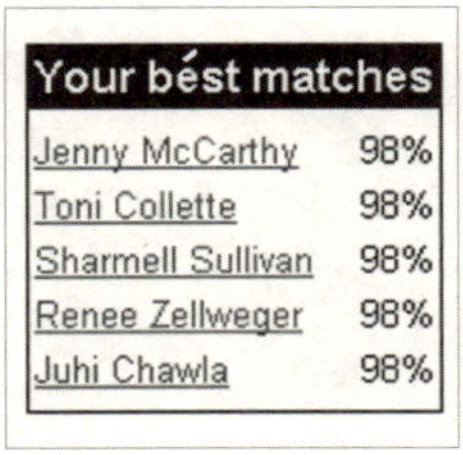

03

さらに有名人の名前をクリックすると身体的、精神的、知的、全体的にどれだけ相性がいいかを詳しく教えてくれる。もちろん気になる有名人を指定してその人との相性を調べることもできる。

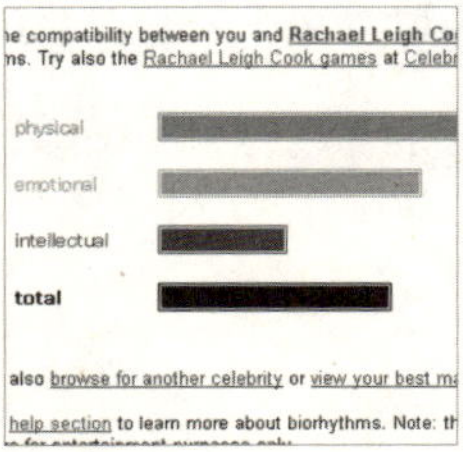

みんなでストレスを軽くする

http://www.weightwatchers.com/

ダイエットは1人で行ったほうが効果的か、みんなで行ったほうが効果的か？ そんな疑問の回答を見つけるために行われた実験がある。結果は後者、つまり、みんなで行ったほうが効果的、というものだった。

そう考えるとWeight Watchersが世界中で人気なのもうなずける。このサイトでは、効果的なダイエットを進めるためのコミュニティを提供している。

Weight Watchersの会員は全米各地で開かれているミーティングに参加することができる。このミーティングでは同じようにダイエットに悩む人と情報交換をすることができるのだ。

みんなで悩みを共有する仕掛けによって、ダイエットという作業のストレスをなるべく軽くすることができる。だからこそダイエットを続けられるのだ。

なんとなくストレスを感じてしまう作業を、いかにみんなで悩みを共有しながら行えるか。何かを継続して行うためのヒントがそこにありそうだ。

アイデア　011

ストレスなくダイエットを続けられるサービス

01

Weight Watchersでは食事をカロリーではなくてポイントで管理。面倒なカロリー計算をしなくても、適切な食事量をシンプルに管理することができる。

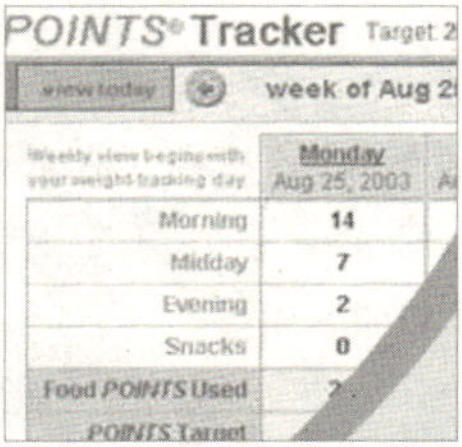

02

また面白いのはこの機能。ここに郵便番号を入れると近くで開催されているWeight Watchersミーティングの情報が表示される。

03

地域にもよるが1日2回〜4回開かれるこのミーティングに参加すれば、同じような悩みを持っている人と話をすることができ、適切なアドバイスも受けられる。

我慢を取り除く

http://www.gasbgon.com/

今年からあるリストを管理している。そのリストとは〈本当は我慢したくないんだけど、我慢しているものリスト〉だ。

「なんだ？」と思われるかもしれないが、改めて意識してみるとそういったものはけっこうある。そしてそれらのストレスを人生から追い出すために、どんな仕組みが必要か考えるのは気持ちがいい。

そこに書かれているストレスを人生から追い出すたびに、リストの1つ1つに打ち消し線をつけていく。人生が進歩していると感じる瞬間だ。

さて、我慢つながりで言えば、GasBGonで販売されているクッションを使えばあなたはもう〈あれ〉を我慢しなくていい。

我慢しすぎておなかが痛くなったり、挙動不審になったり、そんな人生とはもうおさらばだ。GasBGonのクッションは〈あれ〉の音やら臭いやらをすっかり吸収してくれる。

つまり、おならの話ですけどね。

自分が我慢しているものを人生から取り除く仕組みをどうしたら作れるか。まずは自分が我慢していることをリストアップしてみよう。

アイデア　012

おならの音と臭いを吸収してくれるマット

01

この四角い物体、椅子の上に敷くマットである。もちろん普通のマットではない。

02

このようにオフィスの椅子の上に敷いておく。う、おならが……というときに効果を発揮する。なんとこのマット、おならの音と臭いを吸収してくれるのだ。

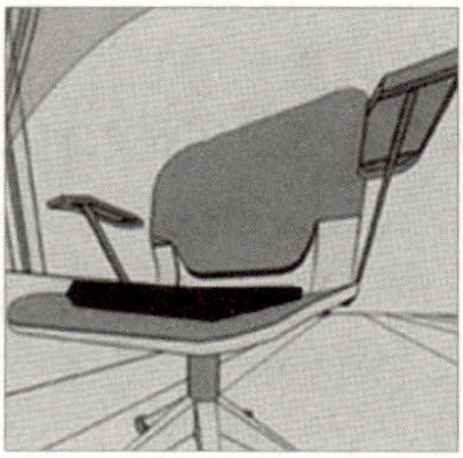

03

もちろん車のシートでも使うことができる。GasBGonのサイトでは「ジムさんはまた家族と一緒に車に乗ることができるようになりました」と、ユーザーからの感謝の声も届いている。

痛いところにチャンスがある

http://www.givenimaging.com/

ひさびさに衝撃的な製品の登場である。

Given Imagingでは、そのまま飲み込むことのできる超小型のデジタルビデオカメラを開発している。カプセル大のその装置には、無線で映像を送信できるカメラと照明用のライトが詰め込まれている。

むろん、胃カメラの苦痛を軽減するために作られた製品である。

苦しい思いをして胃カメラを飲み込み、口がふさがっているため苦痛をうまく訴えることができず、ひたすら検査が終わるのを待つのみ、という胃カメラにまつわる不便利がこれで一気に解決される。

患者はこれを飲み込んでそのまま排泄するだけでいい（ちなみにこの製品は当然使い捨てされる）。医者はカプセルがおなかを通っているときにカメラから送信される映像を見て診察をするだけ、という簡単さだ。

本当に解決されるべき不便利は肉体的な苦痛に伴うものが最初であるべきだなぁ、とこの製品を見ていて思った。

次に肉体的な苦痛を受けたときはそんなことをちょっと考えてみよう（そんな機会があるのは嫌だけど）。

アイデア　013

カプセル型の使い捨て胃カメラ

01

このカプセルがあなたの痛みを大幅に軽減してくれる画期的な製品である。

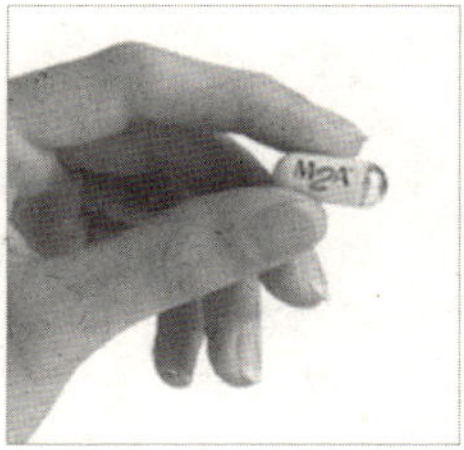

02

なんとこのカプセル、飲み込んで使うことのできる胃カメラなのだ。

03

飲み込まれた胃カメラは胃の中の映像を無線で発信し、医者はそれをパソコンで見ながら診察できる。

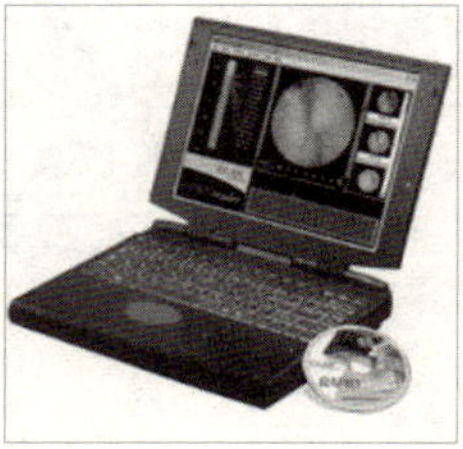

コミュニケーションのストレスをなくす

http://www.soundid.com/

携帯電話でうまく話せないときくらいイライラすることはない。特に周囲の騒音（こちら側でもあちら側でも）がひどいときには「え？ え？」と連発しちゃったりしてストレスが溜まる。

そんなストレスもSound IDのシステムを使えば軽減されるだろう。このサイトでは、自分の通話環境にあわせて音を聞きやすくしてくれる携帯電話用イヤホンを販売予定である。

その秘密はイヤホンに仕込まれたチップにある。このチップ、あなたの通話環境に応じて入ってくる音を最適化してくれるソフトウェアを搭載しているのだ。このソフトウェアの調整はウェブ上での診断テストで簡単に行える。しかも診断結果は自動的にイヤホンにダウンロードされる。

このイヤホンをつけていれば、騒がしいところでも快適に通話ができる。

携帯電話に限らず**「え？ え？」と思わず言ってしまうシーンはほかにもあるだろう。そうしたコミュニケーションのストレスを軽減するために何ができるか考えてみるといいだろうか。**

アイデア　014

周りの雑音に関係なくクリアーに聞こえる電話

01

世の中にはさまざまな音が氾濫している。工事現場の音、交通渋滞の音……。そんな環境による音の変化に左右されずに携帯電話で話をしたい、と思っている人は多い。

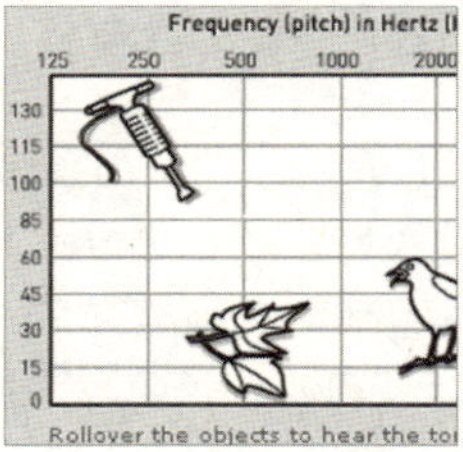

02

Sound IDで開発されているこの機器を使えば、周りの音にあわせて携帯電話から聞こえてくる音を最適化してくれる。いちいち電話の音量をあげたり、周りに「静かにしてくれ！」と頼む必要がない。

03

このように気軽に耳にはめて使うことができる。

つながらないものをつなぐ

http://www.teltier.com/

用事があるのになかなかつかまらない。なんでつかまらないんだ！ と逆ギレし、その逆ギレに興奮して携帯を鳴らし続ける。そんな悪のスパイラルを経験したことがあるのは自分だけではないだろう。

しかしTeltierのiAlertを使えばそんなスパイラルは解消される。このサービス、かけた相手がまた話せるようになったら教えてくれる、というものである。これでつながらない電話にひたすら電話をかける必要がなくなる。

進化を遂げる携帯電話であるが、圏外になったときにそのネットワークは一時的に断絶される。その断絶をなくすことは現実的に難しいが、断絶による不便さを解決することはできそうだ。

つながらなくなったものをつなぎ直す。そんなサービスは電話に限らずネットワーク社会のいろいろなところに応用可能なのではないだろうか。

アイデア　015

相手の携帯電話がつながるようになったときに教えてくれるサービス

01

こうも携帯電話が普及してくると、電話がつながらなかったときにイライラする。Teltierではそうしたイライラを解消するための仕組みを提供している。

02

誰かに電話をしたが圏外でつながらない。そうした場合、次に相手の電話がつながるようになったら教えてくれるのだ。これでイライラしながら何度も電話をかけ直す必要がない。

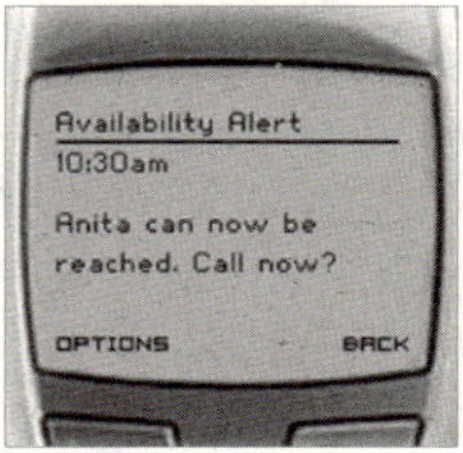

03

また、会議中などで電話に出られないときにも便利だ。ボタン一発で「あと5分したらかけ直して！」といったメッセージを送ることもできる。

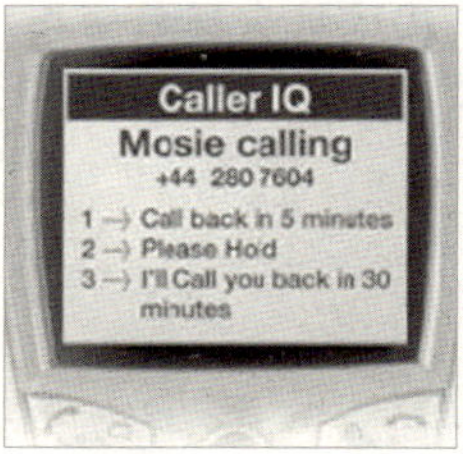

欲望を利用した頼み方

http://www.tinkletoonz.com/

まだ親になっていないからわからないが、子供のおむつがとれるように訓練するのはなかなか難しいらしい。

そんなわけで登場したのがTinkle Toonzだ。これを使えば、子供が喜んで便器に向かうようになり、結果としておむつ離れがスムーズにできるらしい。

その秘密は音楽にある。Tinkle Toonzの便器を〈使う〉と、子供の好きな音楽が流れる、という仕組みになっているのだ。

この仕組みによって〈便器で用を足すようにしつけられている〉というマインドセットから、〈便器で用を足したい！〉というマインドセットになる。なるほど。

ビジネスにおいても、「〜しろよ」と頼むよりも、相手が自発的に「したい！」と思うような仕組みがあれば、スムーズに作業がすすむだろう。

人は基本的に自分の欲望を満たすために行動する。この原理をあらゆる指示、お願いに活かすにはどうしたらいいだろうか。そのヒントがTinkle Toonzにあるだろう。

アイデア　016

子供のおむつが早くとれるおまる

01

子供のおむつがなかなかとれない……。そんな悩みを抱えている人にはTinkle Toonzがおすすめだ。

02

ある仕掛けによって、子供は自らすすんでおまるを使うようになる。

03

このおまる、子供が用を足すと音楽を奏でてくれるのだ。音楽を聴きたいがために子供はおまるを使うようになる、という仕掛けだ。

■コラム：百式とは？

本書で取り上げたサイトは、人気情報サイト『百式』で紹介された記事から厳選され、加筆修正されたものである。さてその『百式』とは一体？ 5W1H形式で紹介していこう。

『百式』

http://www.100shiki.com/

WHAT（何をしているサイトか？）

一日一社、海外のユニークなドットコムサイトを紹介するサイト。ちなみに『百式』の名前の由来は「百（＝多くの）式（＝方式）」といった意味で、多くの視点を持ちましょう！ というメッセージがこめられている。決して金色の○○○スーツにちなんでいるわけではない。

WHEN（いつ更新されているのか？）

土日祝日、お正月、クリスマスも含め毎日更新！ 2000年1月20日から現在も鋭意更新中。

WHO（誰が運営しているのか？）

百式管理人。雑誌への連載、講演講師、セミナー開催など実績多数。豊富な海外事例をもとにした調査・コンサルティングビジネスを得意とする。ご意見・ご感想・お問い合わせは webmaster@100shiki.com までお気軽にどうぞ。

WHERE（どこにあるのか？）

『百式』へは http://www.100shiki.com/ までどうぞ。

WHY（なぜ運営しているのか？）

日本のビジネスパーソンの起業・企画・営業・雑談のネタに！

HOW（どのように使うべきか？）

〈会話の中にこそ創造がある〉。この本が会話のきっかけになればこんなに嬉しいことはありません。本文中、太字にした部分は発想を広げるための質問である。同僚、友達、家族にその質問をぶつけてみよう。どんな新しい発想が得られるだろうか。

意外な変化が起きてくる

ポータブル性を高める

http://www.speakthis.com/

先日アメリカ人の友人の子供を見に行った。そのときに友人が、「うちの子もだいぶポータブルになったよ」と言っていた。〈ポータブル＝小さい〉と解釈していた自分としては「赤ん坊が大きくなってきているのに、ポータブルに（小さく）なっているのはおかしい」と思ったのを覚えている。

そのように伝えたところ〈ポータブル＝動かしやすい〉という意味であることが判明した。「彼女も成長してきて首が安定してきたのでどこにでも連れ出せるようになった」という意味だったのだ。

そんな〈ポータブル〉という言葉をSpeak Thisのサイトを見ながら思い出した。このサイトではウェブサイトを〈ポータブル〉にするためのツールを販売している。

なんとこのツールを使えば、あなたのサイトに数行のコードを追加するだけで、そこに書かれている文章を音声に変換してくれるのだ。

音声ファイルになっていれば、携帯型の音楽プレイヤーでホームページを〈持ち歩く〉ことができるようになるのだ。

このようにあなたの提供している製品やサービスのポータブル性を高めるには、どういった仕掛けが可能だろうか。

アイデア　017

ホームページを読み上げて音声ファイルにしてくれるサービス

01

SpeakThisを使えばホームページにちょっとしたコードを付け足すだけでそのホームページを音声対応にしてくれる。

02

SpeakThisのコードを付け足すと、このようにボタンが表示される。このボタンを押せばそのページに書いてあることを音声で読み上げてくれる。

03

また読み上げられている音声をそのまま音声ファイルにしてダウンロードすることも可能だ。

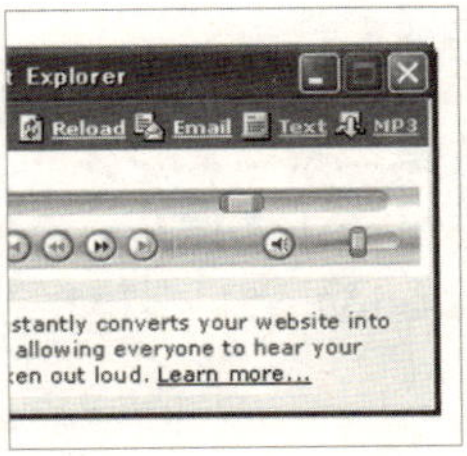

存在自体を疑う

http://www.senseboard.com/

「キーボードだけどキーボードではない。それは一体何でしょう」

そんな謎かけをされたら、「それはSenseboard®のことですな」と答えるといいだろう。

Senseboard®は昨今はやりの〈モバイルユーザー向け携帯型キーボード〉を販売している。ただしその〈キーボード〉はキーボードの機能は果たすが、存在としての〈キーボード〉は存在しない。

その仕組みは実に画期的である。まず両手にベルト状の機器をはめる。しかるのちにおもむろにキーボードがあるがごとく指を動かしてキーをたたく〈ふり〉をする。するとその動作をSenseboard®が感知して携帯電話や携帯情報端末に無線でデータを送信し、キー入力がなされるのだ。

キーボードはないのだが、キーボードがあるつもりで指を動かせばいい。そんな魔法のような道具なのである。

キーボードだけどキーボードではない。既成概念をうちやぶる新しい発想をするには〈○○だけど○○ではない〉という謎かけから始めてはどうだろう。

アイデア　018

キーボードを打つふりをすればキーが打てる入力機器

01

この不思議な形をした機器が、実はキーボードとして機能する。

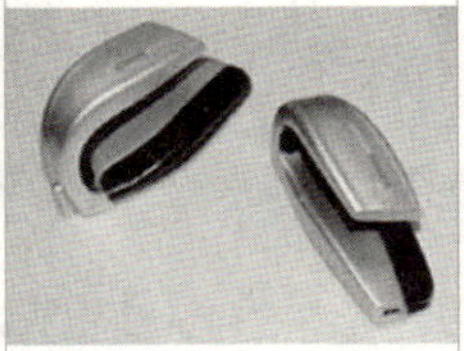

02

使い方は簡単でこれを手にはめるだけだ。その状態であたかもキーボードを打つように指を動かすと動きを感知してどのキーを押されたかを自動で解析、携帯情報端末などに無線で送信してくれる。

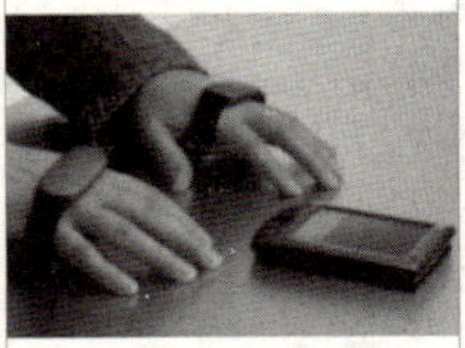

03

機器自体はコンパクトなのでどこにでも持ち歩くことができる。わざわざ重いキーボードを持ち歩く必要がないし、無線なのでケーブルを持ち運ぶ必要もない。

隣りと合体

http://www.combimouse.com/

なるほど、そうきたか。とひさびさに小膝を打った。

Combimouseでは分離型キーボードを販売している。例のキーボードの右側と左側が分離するやつだ。

ただし、分離するだけでは、もちろんない。なんと分離した側の右側がマウスとして使えてしまうのだ。

これを使えばマウスがいらなくなる。ありそうでなかったこのアイデア、なかなか素敵ではないか。

しかも分離した右側は単体でテンキーとしても使えるので、ノートパソコンを使っている人はCombimouseの右側だけを、テンキー＋マウスとして使うこともできる。

キーボードとマウスのように**隣り合って置かれているものは合体させてみると面白い製品やサービスが考えられるだろう。あなたがいつも一緒に置いて使っているものには何があるだろうか。**

アイデア　019

マウスの役目も果たすキーボード

01

2つに分かれたキーボードの右側はなんとマウス兼用。キーボードごと動かしてマウスとして使える。

02

これを使えばマウスを置いておく必要がないので机を広く使える。

03

また右側のキーボードはテンキーとしても使える。大量に数値を打ち込む必要がある人にも便利だ。

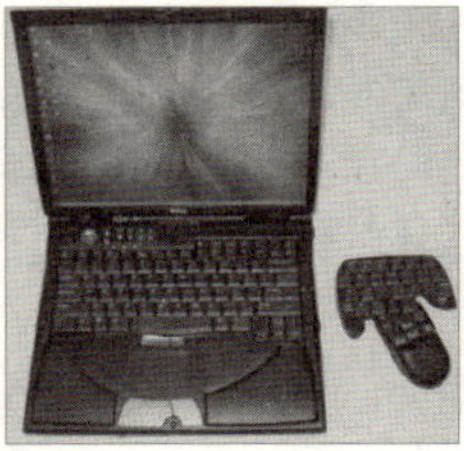

もう1回やってみる

http://www.xentex.com/

単純ながら頭を殴られたような衝撃を受けた新感覚発想製品の登場だ。

Xentexではなんと4つ折のノートパソコンを開発してしまった。普通ノートパソコンというと、ディスプレイと本体をぱたんと1回閉めて（折って）終わりだが、Xentexのノートパソコンはそこからさらにもう1回折ることができるのだ。

こうすることによって確かに厚みは増すが、場合によってはより効果的に持ち運んだり、しまったりすることができる。

また、結果としてディスプレイが真ん中で分離されてしまうが、それほど使用に支障をきたすわけではない。

それどころか、右半分のディスプレイは向かいに座った相手に向け、左半分を自分のほうに向ければ、効果的なプレゼンテーションを行うこともできるのだ。

そう考えると、**世の中でよく見かける2つ折りの製品を4つ折にしてみたらどうなるか、と考えてみるといいだろう。あなたの周りで折りたたまれているものはなんだろうか。**

アイデア　020

2回折りたためるノートパソコン

01

一見普通のノートパソコン。

02

が、折りたたんだあとに……。

03

なんともう1度折りたたむことができるのだ！ ディスプレイが真ん中で分割されているので、半分を向こう側に向けて効果的なプレゼンテーションをすることも可能だ。

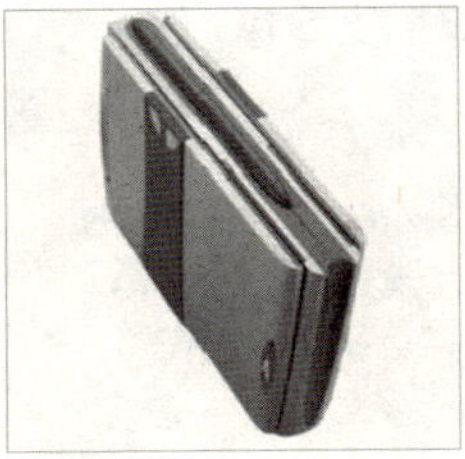

巻きつくインターフェース

http://www.kittytech.com/

こいつは素敵な製品の登場だ。KITTYTECHのキーボードは実にユニークである。

このキーボードが特徴的なのは、それが〈手に巻きつく〉形になっている点である。この手に巻きついたワイヤーが、腕時計状の機器に情報を伝え、そこから無線でパソコンや携帯情報端末に情報が飛ぶ、という仕組みだ。

使い方も簡単だ。基本的には人差し指から小指で親指をタッチする形式でタイプする。たとえば〈U〉をタイプしたいならば、右手の人差し指で親指の上のほうをタッチする。普通にタッチタイプできる人ならそれほど苦労せずにタイプ方法を習得できるだろう。

〈巻きつくインターフェース〉がすばらしいのは人の身体的な差異を吸収してくれる点である。手の大きな人でも小さな人でも違和感なく使うことができる。

〈巻きつくインターフェース〉で考えると、あなたの製品やサービスはどういった進化を遂げることができるだろうか。

アイデア　021

指に巻きつくキーボード

01

このいくつかのワイヤー、そして腕時計のようなものがKITTYTECHの推奨するキーボードだ。

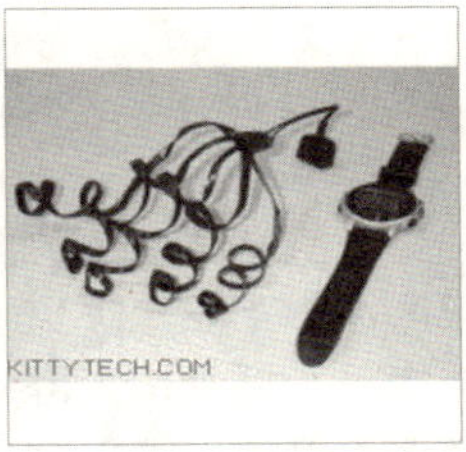

02

このように指に巻きついたワイヤーがキーボードの代わりをする。入力されたデータは腕時計を経由して無線で携帯電話や携帯情報端末に送信される。

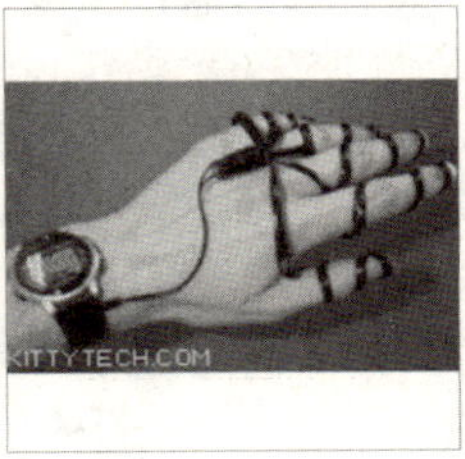

03

実際の入力は、指の関節と関節をタッチさせていくことで行う。タッチさせる指は普通のキーボードの配列に準じて設定されているので直感的な操作が可能だ。

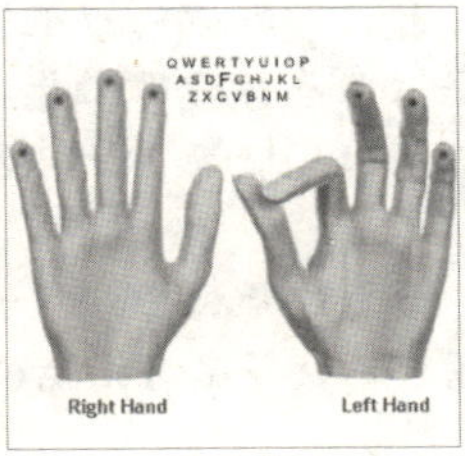

家庭内のリモコンを活用する

http://www.firstalert.com/

どの家庭にも必ずあるものを使ったビジネス、というのは規模が大きくなりそうだ。そう考えると、どの家庭にも必ず複数ある〈リモコン〉にまつわる新サービスってまだまだあるんじゃないかな、と思ったりする。

そしてFirst Alertも家庭内のリモコンをうまく使った製品を販売している。この製品は煙を探知する火災警報器なのだが、火災以外の原因によって誤って鳴ってしまった場合に家庭内のリモコンで音を止めることができるのだ。

火災警報器は家庭内の必需品だが、料理の際の煙や電池切れで誤動作してしまうときがある。火事でもないのに火災報知器が突然鳴り響き、頭を抱えながらオロオロした経験は誰にでもあるだろう。

First Alertの警報器はそのような場合にそのへんにあるリモコンを向けて5秒間押し続ければ鳴り止むようになっている。なるほど、便利である。

どの家庭にもリモコンはある、リモコンが発する信号はある程度標準化されている、リモコンはなくなりやすい、リモコンはほかのリモコンと見分けにくい。

そうした特徴がリモコンにはある。これらをうまく新しいビジネスに結びつけられないだろうか。

アイデア　022

家庭内のリモコンで止められる火災報知器

01

家庭にある火災警報器。防災予防には絶対必要だが、たまに誤作動をしてしまう。

02

そのようなときに備えてFirst Alertを使おう。

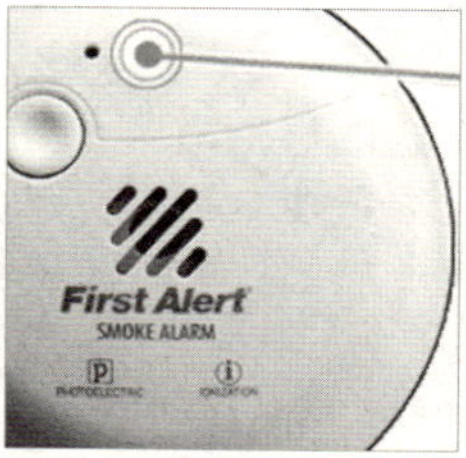

03

誤作動した場合でも家庭内のリモコンを向けて5秒間押し続ければ、警報が鳴り止んでくれる。

隠しやすい場所を見つける

http://www.spammimic.com/

何かを隠したいのだったら、何かを隠していること自体を隠す必要がある。

そう再認識させてくれたのがspammimicである。このサイトではテキストメッセージを巧妙に隠す仕掛けを提供してくれる。いや、正確に言うと、何かを隠していること自体も隠してくれる仕掛け、と言ったほうがいいだろう。

このサイトではなんとあなたのメッセージをよくある迷惑メールに変換してくれるのだ。

こうして、迷惑メールを装うことにより、メールで安全に秘密のメッセージを交わすことができるのだ。実に巧妙である。万が一、第三者にそのメッセージが渡ったとしても無視されるか捨てられるかどちらかだからだ。

迷惑メールに限らず、**情報が氾濫しているこの時代においては、逆に情報を隠しやすい土壌ができていると言える。**

秘密のメッセージをどのようにカモフラージュできるか、そんなことを考えてみてもいいだろう。

アイデア　023

秘密のメッセージを迷惑メールに変換してくれるサービス

01

秘密のメッセージを送りたいならspammimicがおすすめである。このサイトで秘密のメッセージを入力し、〈Encode（暗号化）〉ボタンを押すと……。

02

なんと、よく見る迷惑メールに変換してくれる。秘密のメッセージが隠されていることを知らない人は、すすんでゴミ箱に入れてくれるからばれる心配がない。

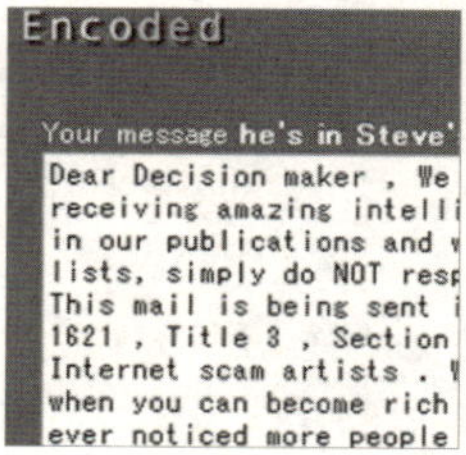

03

このメッセージを受け取った人はspammimicのサイトでメッセージを解読することができる。

乗り換えをなくす

http://www.shuttlebikeusa.com/

気分よく自転車をこいでいたらなんてこったい、川があるじゃないか！ しかしこんなことではへこたれないぞ。自転車をかついででも泳ぎきっちゃるわい！

そんな力技はやめてShuttle Bike USAを使うのがいいんじゃないかな、と思う。

このサイトでは自転車につけられる浮き輪を販売している。ちょうど両車輪の横にボートのような形でくくりつけることができる。しかもこの状態で自転車をこぐと水上をスイスイ進んでいくことができる。

また、この浮き輪はバックパック1つに収まってしまう。これなら気楽に持ち運ぶこともできるし、自転車にくくりつけてもたいした負担にはならないだろう。

しかも取り付けは10分ですむ。浮き輪を膨らますのも自転車をこぐ力を利用する。これなら、浮き輪を膨らましていて川を渡る前に疲れきってしまう、ということもない。

状況に応じて乗り物から降りたり、乗り換えたり。そんなシーンは自転車以外にもある。そんな乗り降りをせずにスムーズに移動できる仕掛けがあるといいだろう。

アイデア 024

水面を走れる自転車

01

この何気ないバックパックがいざというときにとても役に立つ。どういうときかというと、自転車に乗っていて川や湖にたどり着いてしまったときだ。

02

そんなときにはバックパックから自転車専用の浮き輪を取り出して装着することができる。

03

これをつけて自転車をこげば水面でもスイスイと進んでいくことができる、という驚きの商品だ。

ベルトコンベアーに載せられない

http://www.inmotionpictures.com/

飛行機の旅は思い切り遠くに行ける興奮をもたらしてくれるが、なんだかベルトコンベアーに乗せられたような気分になる。離陸、ヘッドフォン、おしぼり、飲み物、食べ物、映画、飲み物、食べ物、……。そこには定められた手順があり、大人も子供もそれに従っている。みんながベルトコンベアーに乗せられている。

そんなベルトコンベアーに違和感を覚える人はInMotion Picturesのサービスがいいだろう。このサイトでは飛行機の中で見ることのできるDVDとそのプレイヤーを貸し出すサービスを展開している。

貸し出し、返却は全米の空港に設置されたInMotion Picturesのブースで行う。出発地の空港で借りて到着地の空港で返すことができる。

このサービスを使えば映画に限ってはベルトコンベアー式のサービスを受けなくてもいい。自分の好きなときに自分の好きな映画を見ることができるのである。

いつもと違ったオプションを提供する。そうした発想で新しい製品やサービスを考えてみよう。

アイデア　025

飛行機で好きな映画を見られるサービス

01

飛行機で旅行をするときはInMotion Picturesのサイトで映画を予約していこう。スクリーンのサイズと、どこからどこの空港に行くかを指定する。

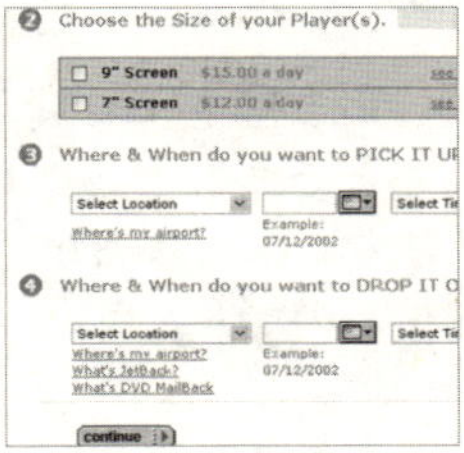

02

そうすると、機内で見るための携帯型DVDプレイヤーを予約できる。しかも1本好きな映画がついてくる。

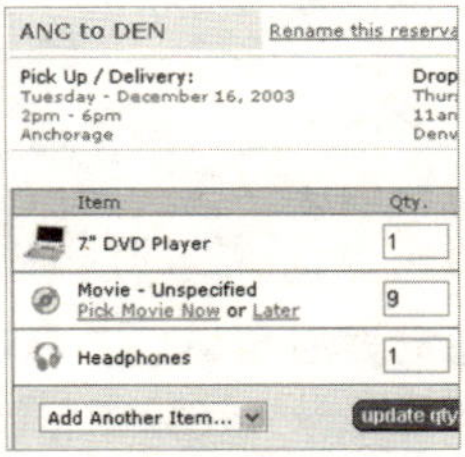

03

飛行機の中でも映画は上映されるが、自分の見たい映画とは限らない。そうしたときには便利だろう。

手のひらで理解する

http://www.eco-sphere.com/

「地球の生態系は複雑かつ微妙なバランスの上になりたっています。したがって蝶が羽ばたいただけで地球の裏側で嵐が起きる、といったこともありえるのです」

という話をよく聞くが、もうこうなると微妙すぎて何がどうつながっているのかよくわからない。環境が大事なのはわかるが、自分の行いが具体的にどんな結果を生むのか、こういった話ではイメージが湧きにくい。

そう考えるとEcoSphereが見せてくれる〈生態系〉はわかりやすい。このサイトでは〈閉ざされた生態系〉が内包された球状の水槽を販売している。

この水槽の中にはさまざまな生物が注意深く配置されている。それらの生物はその世界の中だけで生態系を構成しているので、エサを与える必要も、世話をする必要もない。この〈閉ざされた生態系〉を眺めて生命や地球の神秘に思いを馳せるだけでいい。

こうした手のひらで完結する生態系を見ていれば、自分、そして人類も生態系の一部でしかないことを実感することができるだろう。

生態系に限らず、複雑でわかりにくい概念は自分の手のひらサイズくらいにまで落としてみるとわかりやすい。〈手のひらサイズで知る世界情勢〉、〈手のひらサイズで知る複雑系〉とか、そんな学習シリーズが出てきてほしい。

アイデア　026

手のひらの上で完結する生態系

01

この球状の水槽。ちょっと変わった仕掛けがされている。

02

この水槽の中には生物が絶妙なバランスで配置され、なんとそこだけで生態系が完結している。

03

したがってこちらがエサをやる必要もないので、ほとんど世話することなく、手のひらで生命の神秘を眺め続けることができる。

一定期間後にできなくする

http://www.flexplay.com/

開封後ある一定期間を過ぎると再生できなくなるDVD。それを開発しているのがFlexplayだ。

この技術を使えば新しいレベルでのプロモーションやマーケティングが可能だ。1週間以内にクリアしなくてはいけないゲームとか、1回再生すると2度と再生できない映像だとか、そういったものが可能になる。

基本的な原理は簡単だ。一定期間がたつと変色してしまう化学物質を使い、これをDVD上に塗布することにより再生のためのレーザー通過を妨げる、といった仕組みである。

この技術、「しなくちゃいけないんだけど、なかなかできない」といったたぐいの作業とは相性がいいだろう。一定期間がたつと再生できなくなる学習教材、といった利用方法はどうだろう。

わかっちゃいるけど、どうもやる気がしない。そんな作業には〈一定期間後にはできなくさせる〉ことによって強制的な締め切りを設定してあげるといいかもしれないですね。

アイデア　027

一定期間たつと再生できなくなるDVD

01

FlexplayのDVDはちょっと変わっている。

02

DVDの裏側は使う前は赤い色になっている。この状態で再生するときちんと映画を見ることができる。

before

03

ただし一定期間たつとDVDの裏側が黒く変色し、読み込むことができなくなってしまう。ある一定期間だけDVDを見せたい、という仕掛けを作るときに効果を発揮する。

after

模様に情報を持たせる

http://www.thedietplate.com/

どうにも食べ過ぎちゃったなぁ、なんてのは不思議と食べ過ぎたあとに気づく。満腹中枢が刺激されるまでに時間がかかるからだろう。

食べ過ぎてしまう前に、自分が適切な量を食べているかどうかわかる仕掛けがないだろうか。

そんなことを思っていたらThe Diet Plateを見つけた。このお皿、食べる量が模様として描かれているという優れものだ。

ご飯をここにこれくらい、おかずをここにこれくらい、と描いてあるのでうっかり食べ過ぎることがない。

もちろん厳密なカロリー計算をしているわけではないのであくまでも目安だが、この目安があるのとないのとでは大きく違うだろう。

お皿に限らず、**模様に何か情報を持たせるという考え方は面白い。どんな模様にどんな情報を組み込むことができるだろうか。**

アイデア　028

どれだけ何を食べればいいか一目瞭然のお皿

01

一見普通に見えるこのお皿、よく見ると模様がついている。「ここにお肉をこれくらい、ここにご飯をこれくらい」と指示が書いてあり、このとおりに食事をすればダイエットが続けられるという優れものだ。

02

また普通の食事だけではなくて、朝食用のシリアルのボウルも販売されている。このボウルに描かれた線で、今何カロリー分の食事をしているかが一目瞭然になる。

03

もちろん子供用のお皿も用意されている。子供の場合は、自分がダイエットさせられていることに気づかないように巧妙に模様だけが配置されている。

かゆいところに手を届かせる

http://www.selfwipe.com/

誰が考えたのかは知らないが、孫の手は便利である。手の届かないところ、届きにくいところにさっと届くことができる。想像するだけで気持ちがよくなる。

そう考えると〈孫の手のコンセプト〉はいろいろなところに活かせるのではないだろうか。その1つの例が今回ご紹介するSelfWipeだ。

このサイトではいわゆる〈トイレでの孫の手〉を販売している。つまりおしりを拭くときに無理に手を伸ばさなくても、このL字状の器具でひょいっと拭くことができるのだ。

使い方は簡単で、先端のほうにトイレットペーパーを適量巻きつけ、さっとおしりを拭き、手元のボタンを押してトイレットペーパーを便器に落とすだけである。

この製品、関節炎の人や障害のある人向けに作られたものであるが、そうでない人にも至極便利そうだ。

トイレや背中に限らず、**〈孫の手というコンセプト〉をほかのどういった場面で活かせるだろうか。**

アイデア　029

トイレでおしりを簡単に拭くための道具

01

トイレでの習慣を変える画期的な製品の登場だ。この機器についているボタンを押すと先端のほうのレバーが開く。

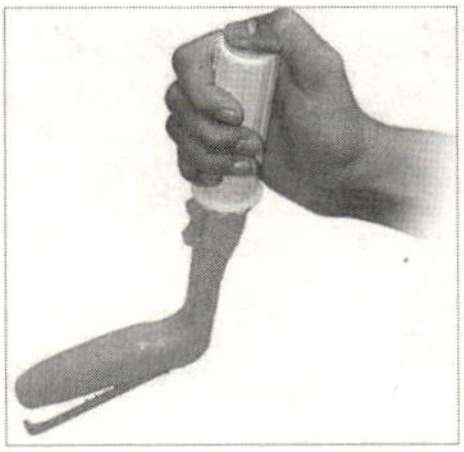

02

その状態でトイレットペーパーを巻きつけ、ボタンを離す。そうするとレバーが閉じてトイレットペーパーを保持する。

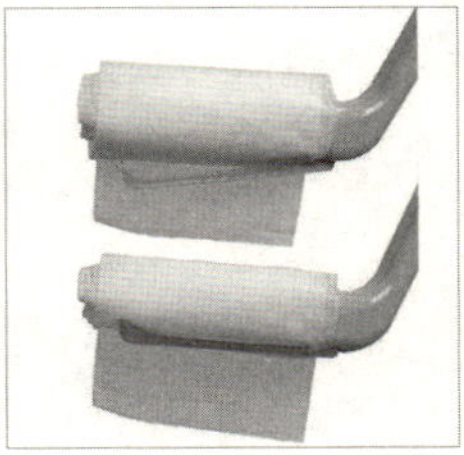

03

そのままこれでおしりを拭き、便器の上でもう1度ボタンを押せば使用済みのトイレットペーパーがストンと落ちていく。おしりを拭くのにもう手を伸ばさなくていいのだ。

方式を変えてみる

http://www.naturesplatform.com/

よくよく考えると最近和式の便器を使わなくなった。洋式と和式があるときは、どちらかというと洋式を使ってしまうのだ。ただ、一部のお医者さんやヨガの先生によると、実は和式のほうが身体にいいらしい。

といったことをNature's Platformでは主張している。そして主張するだけではなくて、洋式便器を和式に変換するための器具を販売している。といっても複雑なものではなくて、洋式便器の上にしゃがめるような道具を販売しているのだ。

真偽のほどは正確にはわからないが、なんでも和式のほうがヘルニアとか痔とか腸の病気にかかりにくいそうなのだ。椅子に座っているよりも、ぐっとしゃがんだほうがどうも通り道が広く開くそうなのだ。

どちらがいいかは個人の判断にまかせるが、〈和式〉と〈洋式〉を変換してしまおう！ という発想がすばらしい。

トイレに限らず**〈和式〉と〈洋式〉にわかれた商品やサービスやプロセスはたくさんある。それらを変換する、もしくは中庸をとる方法を考えてみると新しい発想が生まれてくるだろう。**

アイデア　030

洋式便器を和式に変換してくれる道具

01

これが洋式便器を和式に変換する道具である。

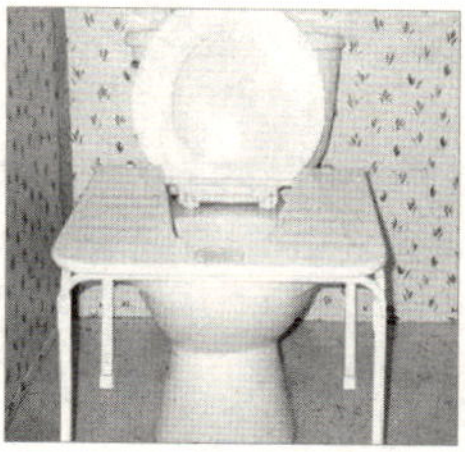

02

このように洋式便座の上にしゃがみ込むことができる。使いやすいように適度に傾斜もついている。

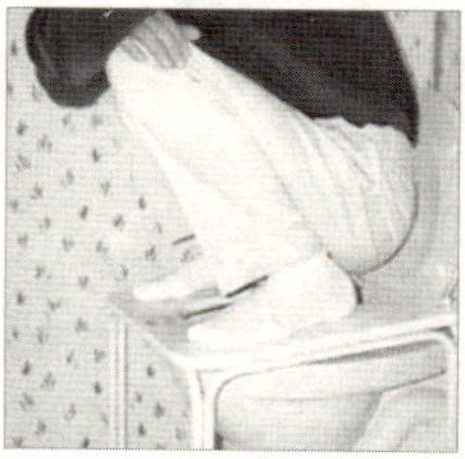

03

使わないときは便器の横にたてかけておくことができる。

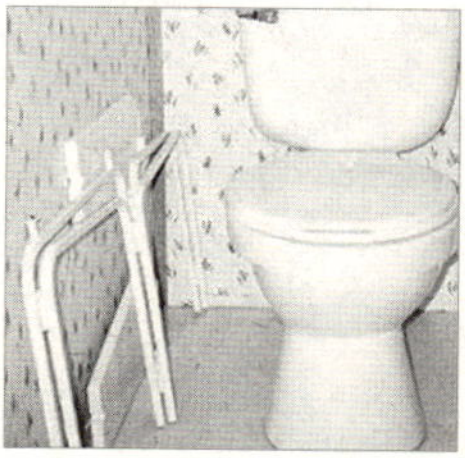

音の意味を理解させる

http://www.shazam.com/

Shazamでは携帯電話を使った画期的なサービスを提供している。街中で「これなんて曲だろ？」といったとき、携帯電話にその曲を聴かせるだけで曲名その他の情報などを教えてくれるのだ。

使い方は簡単だ。携帯電話で指定の番号をダイヤルし、気になる曲を携帯電話に聴かせるだけである。そうするとその音楽を自動認識し、曲名、アーティスト名などをメールで携帯まで送ってくれる。

さらにSongmailという機能もある。最後に認識した曲の一部をメッセージを添えて友達に送れる機能だ。気に入った曲を今すぐあの人に伝えたい！ という場合には重宝するだろう。

Shazamが提案しているのは人と話すための携帯電話ではなくて、音声認識システムの入力端末としての携帯電話である。

入力端末としての携帯電話、と考えてみるとほかにどのような製品やサービスが考えられるだろうか。

アイデア　031

気になる音楽の曲名がわかるサービス

01

街中を歩いていて、これいい曲だな、と思ったらShazamの出番だ。

02

指定の番号に携帯電話から電話をかけ、調べたい音楽を数十秒間聞かせる。そうすると、自動解析してその曲の情報を教えてくれる。必要だったらその場でCDを買うこともできる。

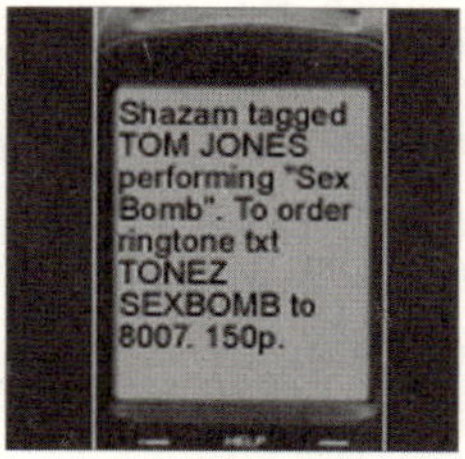

03

またShazamでは調べられた曲のランキングも掲載している。今何が流行っているかを把握するのにもいいだろう。

カメラの有効活用

http://www.photowalks.com/

最近、カメラ付携帯を買ったのでよく写真を撮る。しかし、ちゃんとした勉強をしたわけではないので、もうちょっとうまく撮ればよかったなぁ、とあとで反省することしきりの写真ばかりである。

デジタルカメラが普及したとはいえ、撮影技術が向上しなければ、あとで消すしかない写真が増えるばかりだ。よくよく考えると、これはとてももったいない。

そう考えると、PhotoWalksのような企画はもっとあってもいいだろう。

このサイトでは、ボストンの町並みを歩いて観光しましょう、というツアーを企画している。ただしほかの企画とはちょっと違う。ツアーの途中で、ボストンの町並みをいかにきれいにカメラに収めるかの撮影技術も同時に教えてくれるのだ。

これだけ普及しているデジタルカメラをいかに有効活用するか。このサイトからどんなヒントが得られるだろうか。

アイデア　032

写真の撮り方も教えてくれる旅行ツアー

01

きれいな町並みで知られる街、ボストン。そのボストンで観光ツアー業を営むのがPhotoWalksを立ち上げたSabaさんだ。

02

ただこのツアー、もちろん普通のツアーではない。ボストンを紹介するとともに、きれいな写真の撮り方も教えてくれるのだ。

03

きれいな写真をたくさんお土産にすることができるばかりか、写真の撮り方、という一生使えるスキルを一緒に持ち帰ることができる。

保管場所に機能を加える

http://www.personalvalet.com/

それは洋服をきれいにしてくれるが洗濯機ではない。それには2つのドアがついているが冷蔵庫ではない。それは時間の節約になるが電子レンジでもない。

それはPersonal Valetの画期的な家電製品である。いや、家具か。どちらにしろ今までにないコンセプトである。

この製品はひとことで言うと〈洋服のシワのばし、消臭を行ってくれる洋服ダンス〉である。

クリーニングに出すまでもないけどやっぱりきれいになっていると気分いいよね、という衣服はけっこうある。そういった衣服は、30分このタンスにしまっておけば、きれいさっぱり仕上がってくれる。

モノを保管しておくスペースにはもうちょっと仕掛けがあってもいいと思う。お金も預けておけば利子がつく。保管しておけば何かいいことがある、というコンセプト収納は悪くない。

収納にもう一つ機能を加えるとしたら、どんな機能が欲しいだろうか。

アイデア　033

しまっておくだけで消臭・シワ伸ばしをしてくれるタンス

01

外から見ると、普通のタンスに見えるこの家具。

02

中身はハイテクで、ここに衣服を入れておくとシワのばし、消臭を行ってくれるのだ。ものぐさな人には最高のタンスと言える！

03

効果は一目瞭然。タンスに入れておくだけで、1日の疲れをたっぷり吸い込んだシワもピシッと伸びる。

なんでもモバイルにしてみる

http://www.inflatablechurch.com/

なんでもモバイルにすればいいというものではないが、〈モバイル～〉といつも考えていれば、Inflatable Churchのようなビジネスを思いつくことができる。

このサイトでは〈モバイルウェディング〉を提唱している。なんと、空気で膨らませる教会を販売・レンタルしているのだ。

これさえあればいつでもどこでも結婚式をあげられる。すごくいい景色や、とても思い入れのある土地なのだが、教会がないからほかの場所で結婚するしかない……。そう諦めていた人たちには朗報だろう。

建物のようなモバイルになりえないようなものでも、無理やりモバイルにしてしまった発想がすばらしい。

モバイルなトレンドが加速する今日このごろ、名詞を言うときは必ず〈モバイル～〉とつけてみるゲームをやってみたらどうだろう。

アイデア 034

空気で膨らませて使える教会

01

一生に一度の行事である結婚式。できれば自分の好きなところで挙式したいものだ。しかし自分の好きな場所には教会がなかった……。

02

そんなときはInflatable Churchを使おう。上の写真で立派に見えた教会は、なんと空気を入れて膨らませて作ったものだった。

03

教会は空気を抜けば冷蔵庫大の大きさに収まってしまう。これなら持ち運びも簡単。どこでも結婚式をあげることができる。

■コラム：『e』をつけて妄想してみよう①

『百式』ではユニークな海外サイト紹介とは別にさまざまな企画を展開してきた。本書のコラムでは、2000年02月08から同年03月14日まで掲載された〈e-企画〉を紹介しよう。これは目につくものに『e』をつけてみるとどんな製品になるか妄想してみよう、という企画であった。

e-ネクタイ
ネクタイの繊維に埋め込まれたチップからネット上の〈そのネクタイがどのシャツに合うか合わないかチェックするデータベース〉を瞬時にチェック、合わなければ首がしまる。そのネクタイはないだろう、というビジネスマンが減ることでしょう……。

e-かさ
傘の取っ手に無線通信機能がついていて天気予報を色で知らせてくれる。晴れなら赤、雨なら青、曇りならグレー、雪なら白。その色を毎朝みて傘をもっていくかどうか決める。便利そうだが盗まれるとすごいショック。

e-まくら
毎日、自分の好きなテーマで夢が配信される。また見た夢はネット上にアップロードされ、いつでも過去にさかのぼって〈いい夢〉をみることができる。

e-印鑑
通信機能内蔵で、いつ、どこで、何に対して印鑑を押しましたよ、ということを記録してくれる。その記録はウェブからいつでも閲覧可能……というのはいかが？

人と協力して作り出す

言いたいことは漫画にしてみる

http://www.stripcreator.com/

なぜうまく言いたいことが伝わらないのか。その原因は往々にして〈しゃべり過ぎてしまう〉ことにある。

とりあえず伝えたいことをしゃべる。でも途中で思いついて「あと、これも重要です」とか「こういうポイントもあります」とどんどん付け足してしまう。しゃべっているほうにすれば話の価値を高めているような気になるが、聞いているほうとしてはどれがポイントなのか混乱してしまう。

そんなときは「この話を3コマ漫画にしてみるとどうなるだろう」と考えてみよう。

3コマ漫画くらいシンプルにしてみたら、自分の言いたいポイントがはっきりしてくるだろう。そしてそのための練習にはStripcreatorがおすすめだ。

このサイトでは3コマ漫画を簡単に作ることができる。

難しくなりがちな事柄はおもいきりシンプルにしてみる。そのための手法にはどんなものが考えられるだろうか。

アイデア 035

3コマ漫画を簡単に作れるサイト

01

このサイトでは数百にもおよぶ3コマ漫画が登録されている。

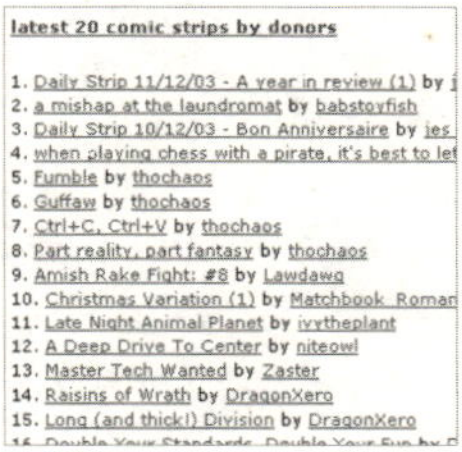

02

もちろんあなたが作ることもできる。キャラクター、背景、台詞を選んでいけばすぐに作れる。

03

このような漫画を作りながら、自分の考えをまとめてみよう。

達人の技をシステムにする

http://www.teoma.com/

検索に慣れた人にコツを聞くと、「何かを調べたいときはキーワードのあとに〈リンク集〉と入れて検索するといいよ」と言われた。たとえば携帯電話について調べたいときは〈携帯電話 リンク集〉で検索するといいらしい。

これは〈リンク集〉でひっかかってくるサイトには調べたい語句に関係の深い情報が多く集まっている、という経験からきている。

だとしたらこうした経験を検索エンジン自体に組み込むべきではないか、と考えたのがTeomaである。

この検索エンジン、検索結果リストの横に現れる〈エキスパートリンク〉が秀逸なのだ。

この〈エキスパートリンク〉は、検索結果のサイト群の中で特に〈リンクが集まっているサイト〉を抽出してくれるのだ。わかりやすく言うとそのトピックに関する〈リンク集〉である。ここを調べていけば効率的に検索をしていくことができるはずだ。

検索に限らず、**その製品やサービスを使う達人の技をシステムに組み入れるにはどうしたらいいだろうか。あなたの製品やサービスを使い慣れた人に定期的に会いに行ってみるとヒントが見つかるのかもしれない。**

アイデア 036

リンク集も合わせて表示してくれる検索エンジン

01

Teomaは高機能な検索エンジンである。こうして普通に検索すると……。

02

普通の検索結果のほか、〈Refine〉という情報がついてくる。ここではトピックを絞り込むためのキーワードを推薦してくれる。

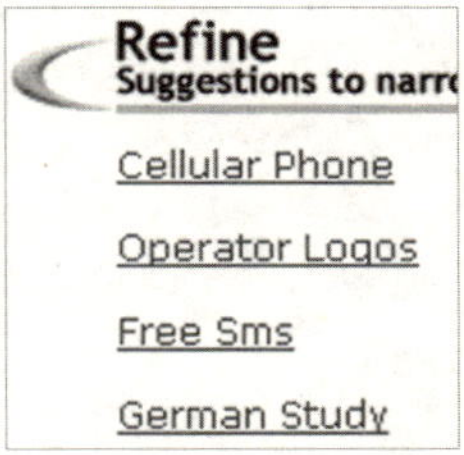

03

さらに〈エキスパートリンク〉では、検索語に対するいわゆる〈リンク集〉だけを集めてくれる。普通に探すよりもリンク集から探すほうが効率的だ。

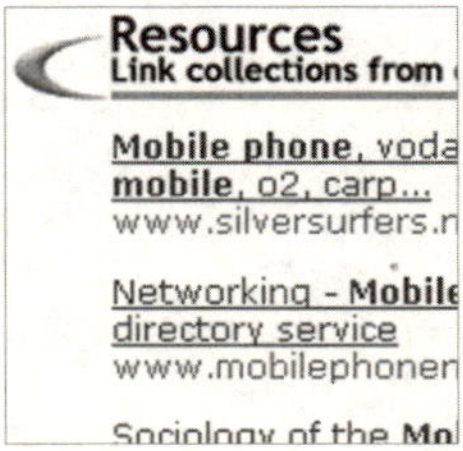

似たもの同士を探し出す

http://www.blogmatcher.com/

〈同じ記事やサイトにリンクしている人同士は似たもの同士〉、そんな仮定に基づいて〈似たもの同士〉を検索できるのがBlogMatcherだ。

ウェブログ（日記サイト）に限定されたサービスではあるが、あるサイトと似ているサイトを見つけてくれるというコンセプトはなかなか面白い。

使い方は簡単で、このサイトに自分のウェブログや、自分が好きなウェブログのアドレスを入れて検索するだけだ。そうすると、そのサイトと同じようなテイストのウェブログをずらずらと表示してくれる。

検索エンジンのようにキーワードに合致するものを探すのではなくて、似たものを探してくれる。新感覚の検索エンジンである。

似たものを探すメリットは、検索範囲がちょっと広がることにより発想が広がることだ。発想が広がれば、創造性が生まれてくる。

ウェブログに限らず、似たものを探すためには何ができるか考えてみよう。

アイデア　037

自分の好きなウェブログと似たウェブログを探してくれるサービス

01

自分がよく読むウェブログと似たウェブログがないかなぁ……、と思ったらBlogMatcherがいいだろう。

02

自分が好きなウェブログのアドレスを入れてみよう。すると……。

03

そのウェブログと取り上げている記事が同じウェブログを一覧で見せてくれる。つまり似たようなテイストのウェブログを取り上げてくれるのだ。

自分が作ったものを追跡する

http://www.technorati.com/

最近話題のウェブログだが、その性質上、ほかのサイトにコメントをつけるという形式でコンテンツが展開されていく。

逆を言えば、あるサイトに関する評価、評判、コメントを調べるのにもっとも適切な場所はウェブログである、と言える。そう考えるとウェブログに限定して検索できるサイトがないかな、と思ったりする今日このごろだ。

そう思っていたらTechnoratiを見つけた。このサイトを使えば、あるウェブログがどのウェブログからリンクされているかを検索することができる。ウェブログに限定されたリンクの逆引き、と言えばわかりやすいだろう。

自分または自社がウェブログを持っていたら、世界のコミュニティでそれがどのように語られているかを調べるのに便利だ。

人は自分の作ったものがどう思われているか見たくなるという欲求がある。そう考えると、**情報発信時代における創造物の影響を追跡する、というテーマは興味深い。**

そのためには世の中の人が何を〈創造〉しているか、それをどうやったら追跡調査できるのか、そんなことを考えてみるといいだろう。

アイデア　038

自分がサイトに書いたことに、誰がどんなコメントをしているかがわかるサービス

01

自分のウェブログ、もしくは自分が好きなウェブログがどういう評判なのか知りたい場合はTechnoratiがいいだろう。

02

このサイトで自分のウェブログ（もしくは自分がよく見ているウェブログ）のアドレスを入れてみよう。

03

するとそのウェブログにリンクしたほかのウェブログを見られる。つまり自分が書いたこと（もしくはほかのウェブログにある自分が気になる記事）にほかの人がどう反応しているかを見ることができるのだ。

クリエイティブなプレゼンテーション

http://www.fogscreen.com/

「うぉ、スクリーンからなんか変な人が出てきた!」などというプレゼンテーションがそのうち可能になるかもしれない。

FogScreenはそんな未来を感じさせる技術を開発している。このサイトではその名のとおり、霧状のスクリーンを開発してしまった。

なんと、天井に設置した装置から噴出される霧に映像や画像を映しこむことができるのだ。もちろん霧なので通り抜けることもできる。また映し込む映像や画像の透明度も自由に設定できる。

うまく使えば冒頭に紹介したようなクリエイティブなプレゼンテーションが可能になるだろう。

普通は使わない〈霧〉という素材に着目した点がすばらしい。クリエイティブなプレゼンテーションにはふだん使わない素材を登場させてみるといいかもしれませんね。

アイデア　039

映像や画像を映し出す霧のスクリーン

01

この映像、なんと霧状のスクリーンに映写されているのだ。

02

映し出される映像は、透明度を操作することもできる。霧の効果とあいまって幻想的なプレゼンテーションが可能になる。

03

霧状のスクリーンなので、触ると向こう側にすり抜けてしまう、という不思議な効果を生み出す。

みんなで悪に立ち向かう

http://www.cloudmark.com/

Cloudmarkでは、最近日常茶飯事になっている迷惑メールをブロックするためのフィルターソフトウェアを開発している。これを使えば75%以上の迷惑メールをブロックできる、というのがCloudmarkの主張である。

このフィルターがユニークなのは、それがCloudmarkのユーザーによって成長している点である。

ユーザーはCloudmarkのフィルターを使えばほとんどの迷惑メールをブロックできるが、たまにどうしてもブロックできない新種の迷惑メールを受け取ることがある。そこでユーザーはボタン一発でその迷惑メールをCloudmarkのフィルターに登録することができる。そしてそのように登録された情報はCloudmarkユーザー全員に対して有効になる、という仕掛けである。

なんといっても、ネットワークの悪に人々のネットワークで立ち向かおう、という姿勢がいい。

こんなところで困っているのだが……。そうした事柄にみんなで立ち向かうとしたら、どんなことが可能だろうか。

アイデア　040

世界中の人が協力して迷惑メールに立ち向かうソフトウェア

01

迷惑メールは本当に迷惑だ。そこでCloudmarkの登場である。これを使えば受信メールを自動的に解析し、迷惑メールだと判断したものは別のフォルダーに自動で振り分けてくれる。

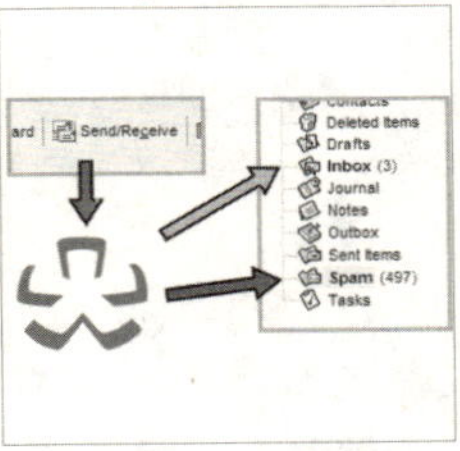

02

迷惑メールであるにもかかわらず迷惑メールと認識されなかった場合、ボタン一発で迷惑メールとして登録することができる。この情報は、ほかの人とも共有できる。

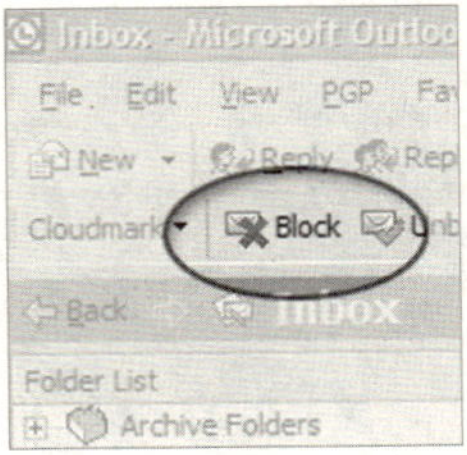

03

また、もしコンピュータが間違って迷惑メールでないものを迷惑メールとして認識してしまったら、その過ちをこれまたボタン一発で正すことができる。

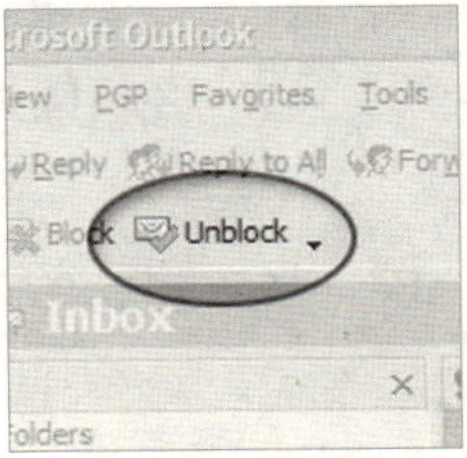

より能動的に活用する

http://www.readinggroupguides.com/

仲のいい友達の楽しみの1つがブッククラブである。これは日本ではあまりなじみがないが、友人が集まってあらかじめ決められた課題図書について議論するというサロンみたいなものだ。自分も友人と2人だけで似たようなことをしているが、同じ本に対して「そう解釈する？」という発想の刺激があってとても楽しい。

そしてReading Group Guidesはそんなブッククラブを支援するためのサイトである。このサイトがすばらしいのはただ単に課題図書を推薦するだけではなく、同時にその図書に適したディスカッション・クエスチョンも提供している点だ。

ディスカッション・クエスチョンとは、その課題図書を読んだあとにみんなで議論するとよいであろう質問のことである。

こうしたディスカッション・クエスチョンは、読んだ本からの学びを最大化するには非常に有効である。

本に限らず、**提供した製品やサービスを最大限活用してもらうためにはどんなことが可能だろうか。**

アイデア　041

読んだあとにどんなことを議論したらいいかすすめてくれるオンライン書店

01

Reading Group Guidesのサイトでは普通のオンライン書店のように本を買うことができる。

02

もちろん書籍に関する情報もきちんと掲載されていてショッピングを楽しむことができる。ただ、もちろんそれだけではない。

03

本を読んだあとにどんなことを議論したらよいかの質問も掲載されているのだ。ただ本を読むだけではなく、そこからの学びを最大化できる仕掛けがされているのだ。

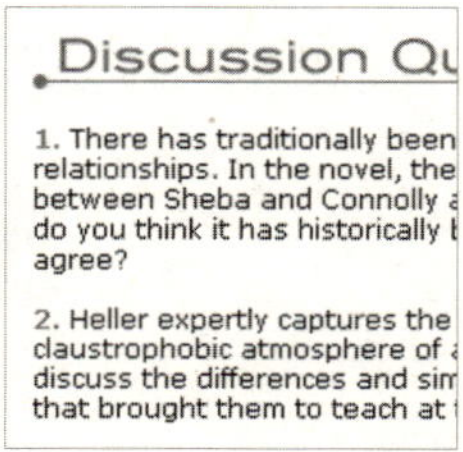

■コラム：『e』をつけて妄想してみよう②

目につくものに『e』をつけてみると面白い製品やサービスが思いつくのかもしれない。『e』をつけて妄想してみました……。

e-かべ　壁の向こう側の景色をを壁全体に投影。壁があるのに透けているので部屋が広く感じられる、日本ならではのアイデア商品。1セット250万円！……そんなお金があったら広いところに住もう！

e-貯金箱　貯まっている金額を表示してくれるだけでなく、現在の金額ではこの商品が買える、だけどあとこれだけ貯めればこの商品が買える！　といった情報を貯金額に応じてリアルタイムに表示。けっこう素敵じゃないか！　どう？

e-たばこ　今日、何本吸ったかをどういうわけか記録してくれる機能付。禁煙している場合は、ネット上で禁煙ライバルを探してくれて、その人は今日で禁煙何日目かを教えてくれるため、競争心から禁煙を推進することができる……はず。

e-ゲーセン　通信機能を使用して、ほかのゲーセンにいる人どころか自宅でPS2（プレイステーション2）をやっている人や世界中の人ともネット対戦。100年に1度行われる24時間耐久世界ネットゲーマー大賞決定戦は圧巻。

今までと違う見方がしたくなる

知らなかったことを検索してくれる

http://www.bananaslug.com/

新しいアイデアとは既存のアイデアの組み合わせ以外の何物でもない。発想の原点はここにある。だとするならば、問題は何と何を組み合わせるか、である。

個人的な意見を言わせてもらえれば、それらの組み合わせのうち有効なものの1つは、〈自分の興味のあるもの〉と〈自分が知らなかったもの〉の組み合わせだ。自分が知らなかったものは、いつでも新しい刺激を与えてくれるからだ。

ただここにも問題がある。自分が知らなったものをいかに〈知る〉かだ。その1つのやり方は、コンピュータにランダムに選んでもらうことだろう。

それを実現したのがBananaSlugなる一風変わった検索エンジンである。このサイトではあなたが選んだキーワードにランダムな語句を加えて検索してくれる。

そうすることによってあなたの興味からそれほど離れていない位置で、自分が知らなかったあらたな発想を与えてくれるのだ。

自分の興味と自分の知らないものを組み合わせて、いかに新しい発想を得るか。ビジネスの現場、または日常生活の中でそうした仕組みを作るにはどうしたらいいだろうか。

アイデア 042

あなたが知らなかったことを教えてくれる検索エンジン

01

自分の興味のあるキーワードと、

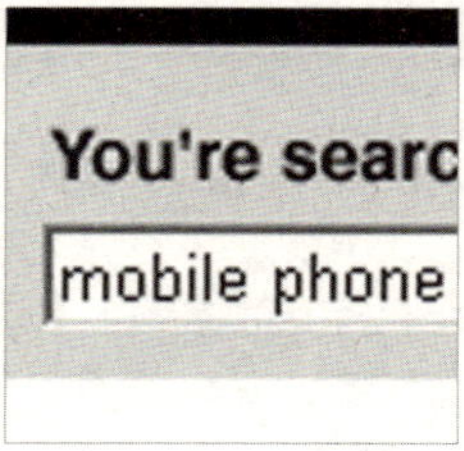

02

好きな分野を選択すると、

03

その分野からランダムにキーワードを選び出し、指定したキーワードと掛け合わせて検索してくれる。結果、あなたの興味から大きくはずれない範囲で、知らない情報を手に入れることができるのだ！

言葉以外で検索する

http://www.myfonts.com/

写真を見せながら「こういうの探しているんですけど……」というシチュエーションはよくある。どうにもうまく説明がつかなくて写真を見せたほうが早い場合だ。そしてそれはフォントを探すときもそうだろう。

MyFontsは、「きっとあなたの探しているフォントが見つかります！」と主張しているサイトである。このサイトではあの手この手でお望みのフォントを探す手伝いをしてくれるのだが、中でも秀逸なのがWhat the font機能である。

What the font機能では、欲しいフォントが掲載されている画像をアップロードするだけで、自動でどのフォントかを解析してくれる。数秒後には「これは何々のフォントである。えへん」と教えてくれるというすばらしい機能である。

検索というと普通はキーワードを指定するが、このサイトでは画像をもとに検索してくれる。言葉ではなくて画像を使う、という発想は面白い。

言葉を使うところに画像を使ったり、その逆をしてみたり。そんなことをつらつら考えてみると、ふだん思いつかないようなアイデアが浮かんでくるのかもしれないですね。

アイデア　043

画像ファイルから、そこにあるフォントを解析してくれるサービス

01

たとえばこの画像の、このフォントを知りたいとする。その場合はMyFontsのサイトで画像をアップロードする……。

02

すると画像を1つ1つの文字に自動で分解し、どのフォントにあたるかを解析してくれる。

03

その解析の結果、該当するフォントを選び出してきてくれるのだ。フォントはその場で購入することもできる。

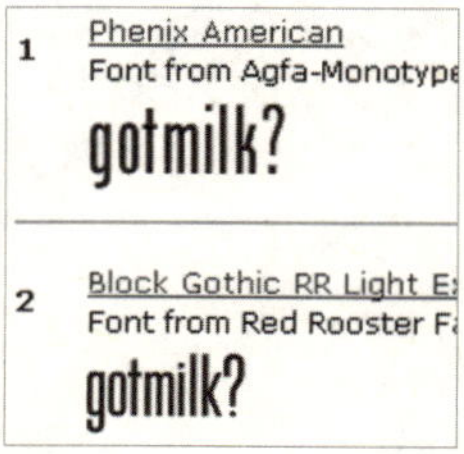

*Images included by permission of MyFonts.com, Inc.

クリックを不要にする

http://www.quickbrowse.com/

ネットサーフィンは毎日する。しかし数十のサイトをクリックしながらどんどん進んでいくのはけっこう面倒である。そう考えると、Quickbrowseはなかなか便利だ。これを使えばクリックをしなくてもどんどん次のサイトを見ていくことができる。

Quickbrowseでは、よく見るサイトを自動的に巡回し、それらをずらずらと1ページにまとめてメールしてくれるのだ（もちろんウェブで見ることもできる）。

よくよく考えれば、毎日巡回しているサイトは見る順序が決まっている。順序が決まっているならば1ページで上から下へ見られたほうがページを次々とクリックしていくよりは、はるかに便利だ。

ふだんクリックするところをスクロールにしてみたらどうなるか、と発想したところがすばらしい。クリックも便利だが、クリックする順序が決まっていればスクロールのほうが便利だ。

クリックで情報が操作できるこの時代、順序のあるクリックをスクロールもしくはほかの操作に変えてみたら？ と考えてみよう。

アイデア 044

複数のウェブサイトを1ページにまとめてくれるサービス

01

Quickbrowseのサイトで、毎日巡回したいサイトをずらずらと指定しておく。

02

そのあとQuickbrowseのサイトにいくと、それらのサイトを細なが一い1ページに並べて表示してくれる。下にスクロールしていくだけで全部のサイトを見ることができる。

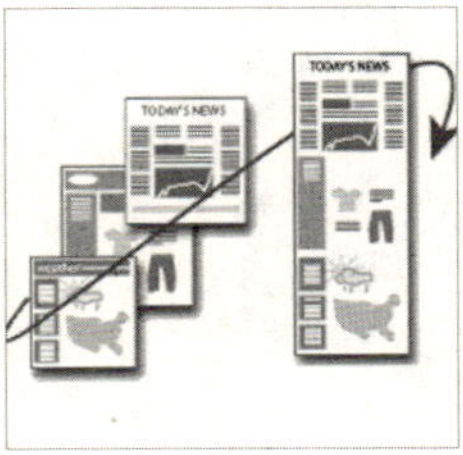

03

また、読んでいる最中に気になる記事があった場合、とりあえずクリックしておいて、あとで同じようにまとめて開くこともできる。

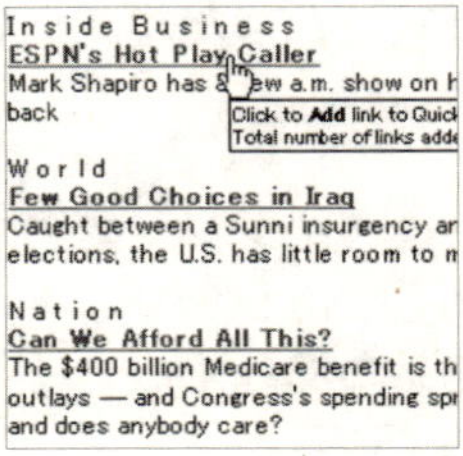

検索をもっと便利にする

http://www.ilor.com/

iLORは普通の検索エンジンではない。iLORが威力を発揮するのは検索結果のリストが表示されてからである。検索結果リストの中でこれがよさそうだな、と思うサイトのタイトルにマウスを持っていくと、iLORのメニューがおもむろに現れる。

このメニューからは2つの処理が可能だ。1つはそのサイトを別ウィンドウで現れる〈マイリスト〉にまず保存しておく機能だ。気になるサイトはとりあえずそのリストにいれておいて、あとでまとめて開いたり、そのリスト自体を保存しておくことが可能だ。

またもう1つは〈アンカー〉と呼ばれる機能だ。これは、ちょっと違うサイトを見たいけれど、ある程度見たらまた検索結果リストに戻ってきたい場合に使う。これを使うと、小さな別ウィンドウが開いて検索結果リストへのリンクをいつでも開いていてくれる。

これらの機能を使えば〈戻るボタン〉を何回もクリックしたり、画面上にたくさんのウィンドウが現れて何がなんだかわからなくなったり、といったことがなくなる。

検索エンジン業界では検索精度の向上が至上命題のように思われている。しかし、**機能だけではなく使い勝手も同じくらい重要**、ということをiLORは教えてくれている。

アイデア　045

〈戻る〉ボタンを何回も押さなくてもいい便利な検索エンジン

01

検索結果リストの中で気になるものの上にマウスをもっていくとメニューが現れる。

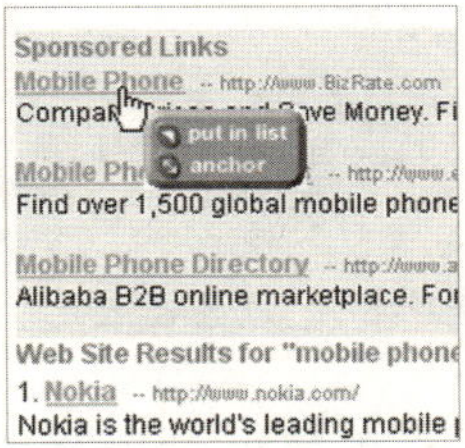

02

気になるサイトがあれば別ウィンドウに現れる〈マイリスト〉へ登録しておくといいだろう。登録されたサイトは、あとでまとめて見ることができる。

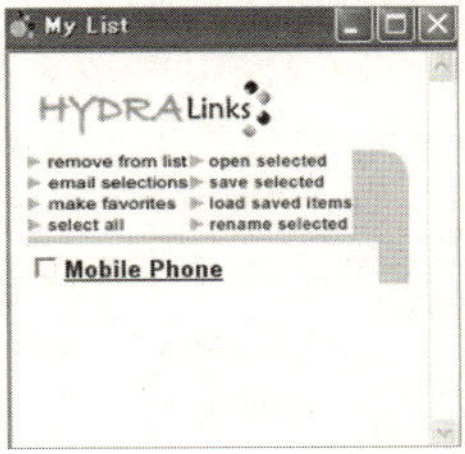

03

またちょっと別のサイトを見たいのだけれども、好きなときに検索結果リストへ戻ってきたい場合、検索結果リストへのリンクをいつでも表示させておくこともできる。

電源コードはもういらない

http://www.mobilewise.com/

昔から欲しいなぁ、と思っていた製品の登場だ。MobileWiseではデジタル機器の電源コードを不要にしてしまう技術を開発している。

しかしさすがにコンセントから無線で電気をとばしているわけではない。MobileWiseが提供するのはマウスパッドを巨大にしたようなマットと、それから電気を吸い上げることのできるアダプターである。

このアダプターをつけたノートパソコン、携帯電話などをそのマットの上に置くと、アダプターがマットから電気を吸い上げてくれる。非接触型ではなく、接触型の技術ではあるが、結果としてワイヤレスに近い使い勝手を実現している点が画期的だ。

オフィスやカフェの机がこのマットを採用してくれたら、と期待せずにはいられない。電源コードを持たずに外で作業ができる世の中になったら、それは、もう、とんでもなく魅力的である。

電源を供給するのはコンセント、という既成概念をうちやぶった発想がすばらしい。

コンセントという〈点〉ではなく、マットという〈面〉で考える。そんな点と面の相互変換的な発想はほかのシーンでも適用可能だろう。

アイデア　046

載せておくだけでノートパソコンや携帯電話を充電してくれるマット

01

出先でノートパソコンを使うと、充電の残り具合が気になってくる。

02

そんなときはMobileWiseの特殊なマットを使おう。このマットにノートパソコンや携帯電話を載せるとなんと充電がはじまるのだ。つまり平面の〈コンセント〉である。

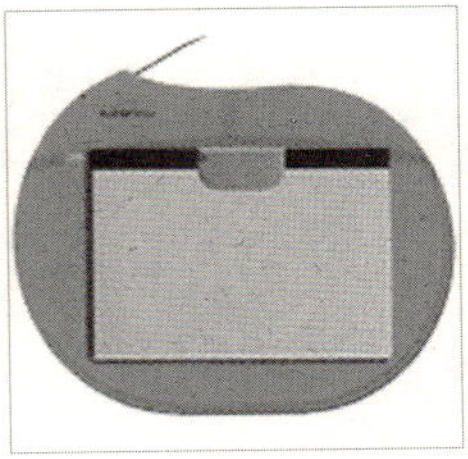

03

その秘密はそれぞれの機器につけられたアダプターにある。このアダプターに対応した機器だったら、このマットの上で使っているあいだは電気を気にしないですむ。

モノの置き場所が与える心理的影響

http://www.io2technology.com/

何かトラブルを抱えて誰かと会うときは、向かい合うように座るのではなくて、横に座ったり、斜め45度の位置に座ったりするように心がけている。

そうすることによって〈私 vs. あなた〉ではなく、〈私たち vs. 問題〉という構図を作ることができるからだ。

そう考えると自由に空間を使って、適切な心理状態を作る能力がこれから必要になるのかもしれない。

そんなときにIO2 Technologyのディスプレイは便利だろう。このサイトでは、なんとあらゆる空間をディスプレイに変えてしまう装置を開発している。空中に画像や映像を映すことができるのだ。

しかも映し出した画像や映像に触って、操作することもできるというという驚きのデバイスだ。

これを使えば今までディスプレイを置くことができなかったところにもディスプレイを置くことができる。そうすれば今までと違った心理状態を作ることができて、さまざまな物事がスムーズに進むのかもしれない。

モノの置き場所と心理状態。そんなことをちょっと考えてみよう。

アイデア　047

何もない空中に映像や画像を映し出す道具

01

何もない空中にうかぶ画像や映像。

02

これらはIO2 Technologyの機器を使って空中に映写されている。

03

しかもこの映像、手や指で触ってさまざまな操作をすることもできてしまうという優れものだ。画像を移動させたり、映像を巻き戻したりといった操作が可能だ。

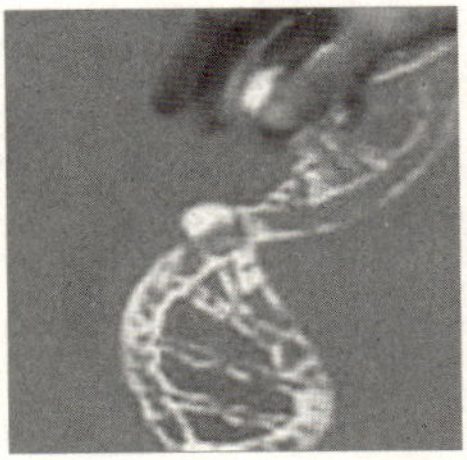

クリエイティブな出力装置

http://www.actuality-systems.com/

最近はウェブでさまざまな種類のデータが扱えるようになった。そんなデータのうち、見ていてワクワクするのはやはり3Dのデータである。特にアニメーションが絡んでグリグリ回りまくるやつなどとても気分がいい。

しかしそうした気分もブラウザという表現上の制約があるため、どこか抑制された感じがあることは否めない。結局は2次元上での表現だからだ。

そんなフラストレーションを感じているならActually Systemsの3Dディスプレイがおすすめだ。

水晶型のこのディスプレイ立体データを本当の立体にして表示してくれる。よくSF映画で見る立体ホログラムのようなものを思い浮かべるといいだろう。また立体データのアニメーションも表示可能だ。

このディスプレイを使えば、ゲームや工業用デザインなどでより豊かな情報をやりとりすることができるだろう。考えただけでワクワクしてしまう。

立体データに限らず、**データをよりリアルで豊かに表現するためにはどういった出力装置が必要か考えてみよう。**

アイデア　048

立体データを上下左右から眺められる水晶型のディスプレイ

01

なんだか機械じみたこの液晶、占い師がよく使う水晶……ではない。

02

なんと、パソコンにつなぐと立体データ用のディスプレイになるのだ。

03

映し出された立体データは360度、どこからでも眺めることができる。また映像やカラーにも対応している。

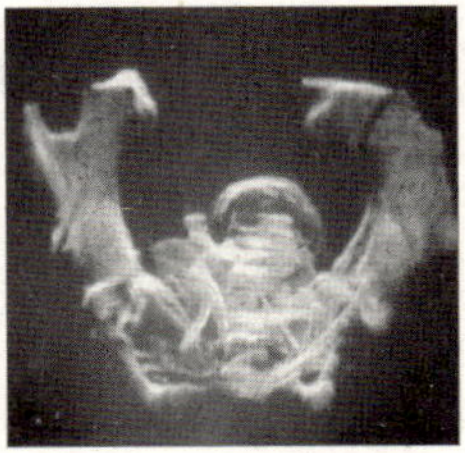

芸術と広告の組み合わせ

http://www.beachnbillboard.com/

あなたの会社の広告をこう、どーん！ と出してあげますよ。砂浜に。

といった企画をしているのがBeach'n Billboardだ。砂の城ならぬ砂の広告である。実にダイナミックですばらしい。

そしてこの広告にはもう1つすばらしい点がある。この広告は砂浜をきれいにする効果があるのだ。

きれいに描かれた砂の芸術には誰しもが息をのむ。そうした芸術の上に誰がゴミを捨てたいだろうか。

ただ広告を出してあげるのではなくて、環境にやさしい効果も発揮する。実に見事なアイデアだ。

ゴミ捨ては芸術（+広告）で予防する。砂浜に限らず、そんなアイデアが活かせる場面はもっとあるのかもしれない。

アイデア　049

砂浜に大きく広告を描いてくれるサービス

01

広大な砂浜に描かれた模様。なんだろうと近寄ってみると……。

02

これらは企業広告になっている。しかも広告の横に「ポイ捨てはやめよう！」のメッセージが。

03

Beach'n Billboardでは、企業から広告費用を出してもらって砂浜に広告を描き、ゴミ捨て防止をすすめているのだ。

意識しない行動で作業する

http://www.shoesofthefisherman.com/

メッセージを広める手法、もしくは広告媒体として考えるとこれは面白いな、と思った。

Shoes of The Fishermanの話である。このサイトでは、裏に〈JESUS LOVES YOU〉の文字が刻まれたサンダルを販売している。

このサンダルで浜辺を歩くだけで、そのサンダルの裏に刻まれたメッセージが砂の上に増殖していく。

このサンダルで広めているのは宗教的なメッセージだが、企業広告を入れて砂浜で無料でサンダルを配るなどの企画も可能だろう。しかも砂に跡をつけるだけなので環境にもいい。

特に意識しない〈歩く〉という動作を使って何かをさせる、という発想がすばらしいと思いませんか？

アイデア　050

歩くだけで砂浜に模様を描けるサンダル

01

一見普通のサンダルだが……。

02

裏をみると〈JESUS LOVES YOU〉のメッセージが。

03

このサンダルで砂浜を歩くとそのメッセージをどんどん広めていくことができる。メッセージを工夫すれば広告にもなるだろう。

ブラウザでも快適に作業する

http://www.iespell.com/

ウェブ上でのアプリケーションが増えてきた。仕事のほとんどがブラウザですんでしまう、という現実も遠くはないだろうし、一部の人はすでにそうしているだろう。

その流れに着目したのがieSpellである。このサイトではブラウザでのデータ入力の際にスペルチェックの機能を実現するソフトウェアを提供している。

これをインストールするとブラウザのメニューとツールバーに〈スペルチェック〉が追加されるのだ（対応ブラウザはインターネットエクスプローラーのみだが）。これで今までできなかったブラウザ上でのスペルチェックが可能になる。

ワードなどのデスクトップアプリケーションも便利だが、今後ブラウザで作業することが増えるのは間違いない。となると、ieSpellのようにブラウザにスペルチェック機能が実装されていたほうが便利である。

ウェブアプリケーションの普及につれて〈ブラウザで働く〉ということをもっと考えてみてもいいだろう。

ブラウザで作業していても、今まで仕事していたときと同じように（またはそれ以上に効率的に）仕事をするための仕掛けはもっとあるのかもしれない。

アイデア　051

ブラウザで書いた文章のつづりをチェックしてくれるソフトウェア

01

ブラウザ上でスペルチェックがしたいなら、チェックしたい英文をハイライト表示させ……、

02

右クリックするとieSpellのメニューが現れる。ここでスペルチェックを選択すると、

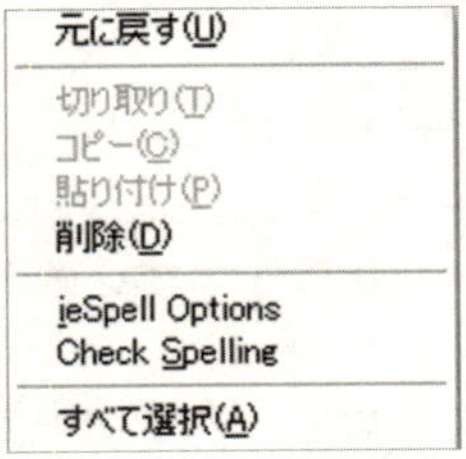

03

おなじみの画面が出てきて英単語のつづりをチェックできる。

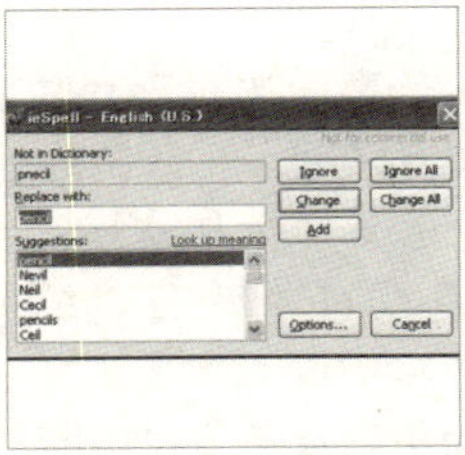

作業の移行をスムーズに

http://www.ghostzilla.com/

Ghostzillaは、(さまざまな事情から)隠れてネットサーフィンをしたい人に最適のツールである。

今までもそういった目的のツールは存在した。が、大抵はネットサーフィンと仕事の画面がキー1発で切り替わる、といったたぐいのものだった。これはこれで効果的かもしれないが、いつも周りに目を配っていなくてはいけないし、せわしくてしょうがない。

だったら、ということでGhostzillaはなんと仕事のアプリケーション(ワードでもエクセルでもなんでも)の一部をブラウザに変えてしまうツールを開発してしまった。

しかもぱっと見てブラウザだとわからないようにテキストや画像は灰色で表示される。これだったらあたかも仕事をしているように見える。

また使い方も簡単で、マウスでスクリーンの端を左、右、左とタッチするだけだ。再び仕事の画面に戻りたいときはそのウィンドウからマウスをはずすだけでよい。

仕事中の画面からいかにスムーズに別の作業に移行できるか。0から1に切り替えるのではなく、その中間をとることによって移行していく。仕事とネットサーフィンに限らず、**0から1へ切り替える作業を、スムーズな中間をとる方法に変えるとしたらどういう仕組みが可能だろうか。**

アイデア 052

プログラムの一部分をこっそりブラウザに変えてくれるソフトウェア

01

普通に仕事をしているように見えて……。

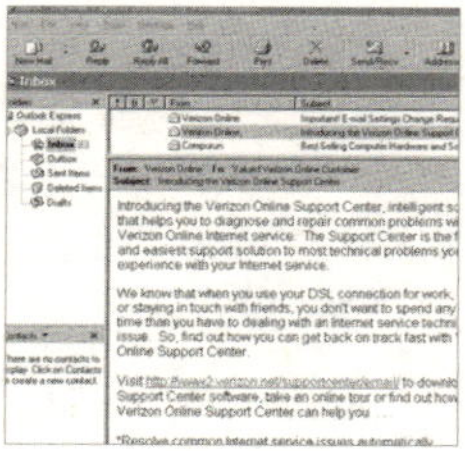

02

実はネットサーフィンをしている。今使っているプログラムの一部分をブラウザに変えてくれるのだ。

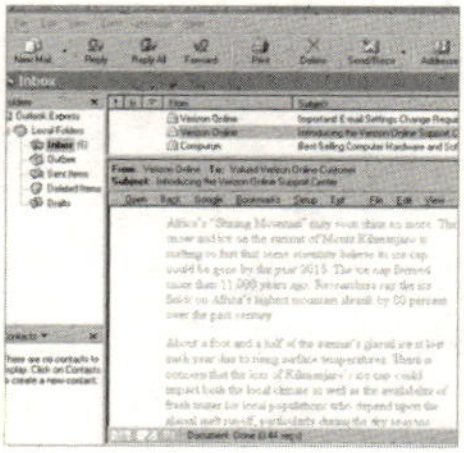

03

ネットサーフィンしていることがばれないように画面は白黒で表示される。画像を見たいときはマウスのポインタを持っていけばそこだけカラーで表示される。

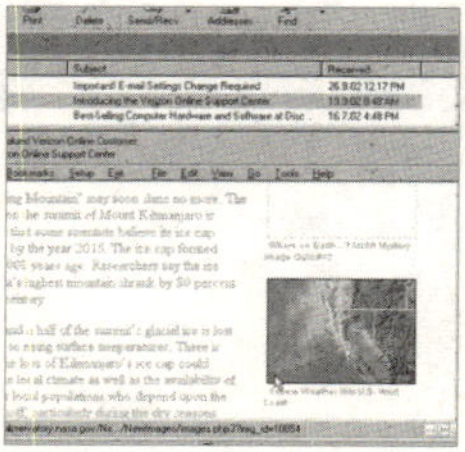

パソコンを使った生活を楽しくする

http://www.bandlink.com/

パソコンでCDを聴く人が増えてきた。そう考えると、BandLinkのような仕組みは今後ポピュラーになっていくだろう。

BandLink対応のCDをパソコンに入れるとおもむろにプレイヤーが立ち上がる。もちろんそこで曲が再生されはじめるのだが、それだけではない。ネットに接続していればそのCDを今その瞬間に、同時に聴いている人とチャットでつながることができるのだ。

CDとネットワークを介してファン同士をつなぐことのできる新しい仕組みである。

しかもこの仕組み、ファンにとってだけでなく、アーティストにとってのメリットもある。この仕組みを使うことによって誰がいつ、どの曲を聴いたかのデータをすべて把握することができるからだ。

パソコンでCDを聴く、DVDを見る。そういった**パソコンを使った生活のシーンにおいては、BandLinkのようにネットワークを使って一段高いレベルの楽しさを演出することができるだろう。あなたはパソコンで何をするようになっただろうか。**

アイデア　053

今、この瞬間に同じアルバムを聴いている人とチャットできるソフトウェア

01

普通に見えるこのCDだが、驚くような仕掛けが隠されている。このCDをパソコンで聴くと……。

02

BandLinkのソフトウェアが立ち上がる。このソフトウェアでは、その瞬間に同じアルバムを聴いている人とチャットができるのだ。

03

またBandLinkでは誰がいつこのソフトウェアを立ち上げたかの統計を把握することができる。こうした情報をもとにマーケティングを改善することができるだろう。

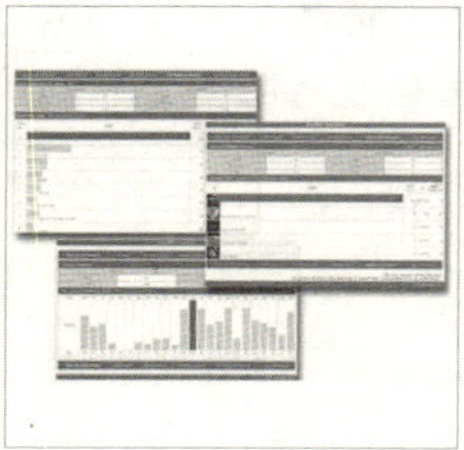

会うためのコミュニケーション

http://www.trepia.com/

インスタントメッセンジャーを日常的に使っているが、年末はかなり楽しかった。友達がそれぞれ里帰りをしていたからだ。

「あれ、今アメリカ?」、「上海かいな」、なんて台詞が景気よく飛び交った。あらためて距離と時間を超越するインターネットの威力を感じることができた。

そんな便利なインスタントメッセンジャーで一風変わっているのがTrepiaだ。

このメッセンジャー、距離を超えてくれるのではなく、逆に近くにいる人だけを探してくれるのだ。近くにいるからこそ、チャットで話が合ったら実際に会いにいくことができる。

コミュニケーションの質から言えば、実際会って話をすることが一番である。

何でもバーチャルにするのではなく、Trepiaのように〈実際に会いやすくするためのコミュニケーション〉はもっとあってもいいだろう。

アイデア 054

物理的に近くにいる人を探してチャットできるソフトウェア

01

もしあなたがノートパソコンを使ってよく出先で作業するならばTrepiaを使ってみよう。

02

これを使えば、近くで同じようにTrepiaを使っている人たちとチャットを楽しむことができるのだ。

03

チャットで話があったら、その人のプロフィールをチェックして、実際に会いに行ってもいいだろう。

橋渡しするサービス

http://www.paperlesspobox.com/

メールはとても便利だ。すべての郵便がメールで届けばいいのに……。そう思っている人も多いはずだ。そんな人にはPaperless PO Boxがおすすめである。

このサイトではあなただけの物理的な私書箱を用意してくれる。ただし普通の私書箱ではない。そこに来た郵便を全部スキャンしてくれて、インターネットで見せてくれる、というサービスである。

しかもダイレクトメールのたぐいは除去してくれたり、ある期間の郵便をまとめてCD-ROMに焼いて送ってくれるというサービスもある。またオリジナルの物理的な郵便は厳重に保管されるので、スキャンされたメールを見て、オリジナルが必要だと思ったらそれだけ郵便で送ってもらってもいい。

郵便とメールのように、この仕組みは情報技術によってとって代わられる、と言われながら現実として両方存在している製品やサービスはけっこうある。電話とIP電話、本と電子ブック、新聞とニュースサイト、などなど。

そうした現実は現実として受け入れ、**それらのあいだの橋渡しをするようなサービスを考えてみても面白いだろう。**

アイデア　055

郵便をスキャンしてメールで知らせてくれるサービス

01

Paperless PO Boxでは、自分専用の私書箱を用意してくれる。なんとその私書箱に来たメールはすべてスキャンされ、メールで郵便が届いたことを教えてくれる。

02

このサイトに行けば、いつでもスキャンされた郵便を見ることができる。

03

もちろん必要だったらオリジナルの郵便を取り寄せることもできる。メールではなくて、CD-ROMでまとめてもらうことも可能だ。

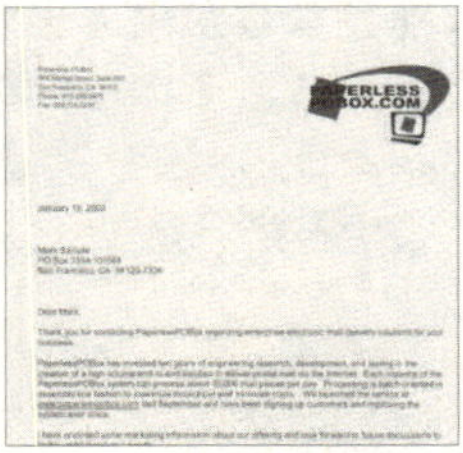

選択肢の中間

http://www.spamgourmet.com/

これだけ迷惑メールが一般的になると、どこまでが迷惑メールでどこからがそうでないか、わからなくなる。

そんなときはSpamgourmetがいいだろう。ここでは迷惑メール用使い捨てメールアドレスを無料で発行してくれる。今ではあまり珍しくなくなったこのサービスだが、このサイトがほかのサービスと違うのは、使い捨てるまでの回数が指定できるところである。

ここでメールアドレスを登録すると迷惑メールが届くような気がするけど、3回くらいだったらひょっとしたら有用な情報が送られてくるかもしれない……などという場合に便利だ。

あいまいな情報には0か1かのデジタルで対応するのではなく、どの程度まで許容できるかをアナログに指定できるほうがいいだろう。

この時代はついついデジタルに思考してしまうが、アナログな思考も使い分けてこそ画期的なサービスなり商品なりが生み出せると思う。自分が選択肢を提示されたら、その中間の選択肢をつねに考えるようにしてみよう。

アイデア　056

使う回数を指定できる使い捨てメールアドレスを発行してくれるサービス

01

Spamgourmetで会員登録しログインすると、使い捨てのメールアドレスをもらうことができる。自分のメールアドレスを入れるのはちょっと……というときに便利だろう。

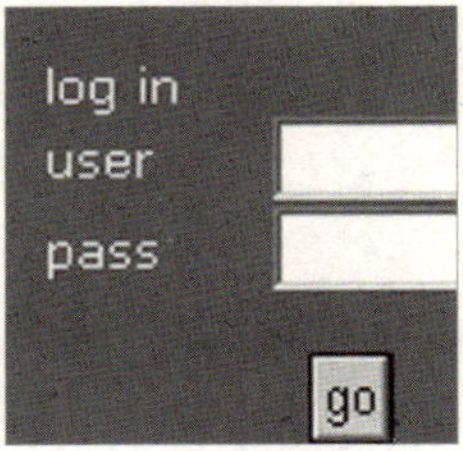

02

ただもらえるメールアドレスがちょっと変わっている。なんと受け取る回数を指定できるのだ。

03

使いたい回数はメールアドレスの中で指定することができるから簡単だ。たとえばオンラインショッピングで3回だけメールを受け取りたい場合はshop.3.100shiki@ spamgourmet.comのようになる。

進化するメール

http://www.kubisoftware.com/

メールが仕事の中心になっているのは誰もが認める事実だろう。しかしメールの機能には限界がある。メッセージやファイルを送ったり受けたりすることしかできない。

仕事が高度になるにつれて、メールの機能も高度になるべきではないか。

そう考えたのがKubi Softwareである。ここが提供するソフトウェアは、メールを使ってのプロジェクト管理機能を実現している。

具体的には、アウトルックなどのメールソフトウェア上からファイル管理、TODO管理などを行えるようにしたのだ。しかもそれらの情報はグループ内で共有される。

むろんプロジェクト管理のソフトウェアはすでにたくさんあるが、メールソフトウェアの中に統合されて使いやすくなっている点がすばらしい。

よく使うメールだからこそ、便利に使いたい。メールに1つ機能を追加するとしたら、あなたならどんなアイデアがあるだろうか。

アイデア　057

メールの機能を1段階すすめたソフトウェア

01

仕事上のコミュニケーションの中心はメールになりつつある。そうなるとメールももっと便利になるべきだ。

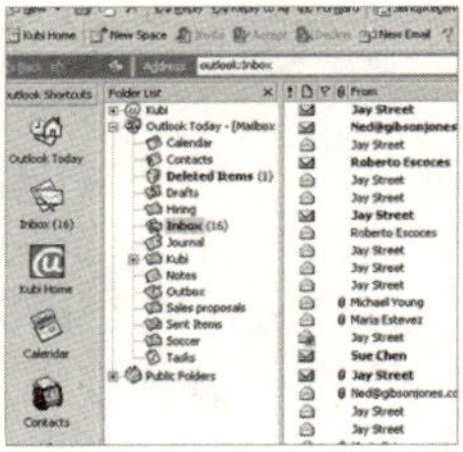

02

そう考えたのがKubi Softwareだ。このソフトウェアを使えば、メールソフトウェア上で掲示板やプロジェクト関連の文書を管理することができる。

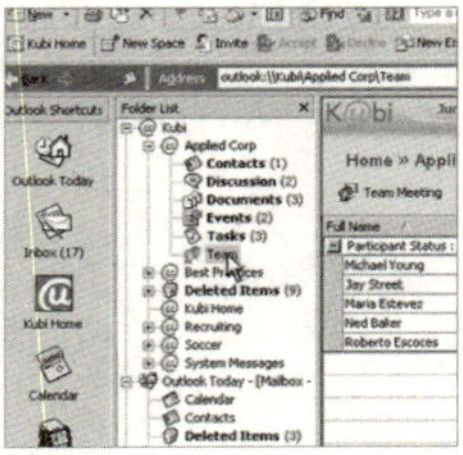

03

カレンダーやTODOなどをチームで共有することができ、それらをメールソフトウェア1つで管理できるのでいろいろなソフトウェアを行ったりきたりしながら仕事をしなくてもいいのだ。

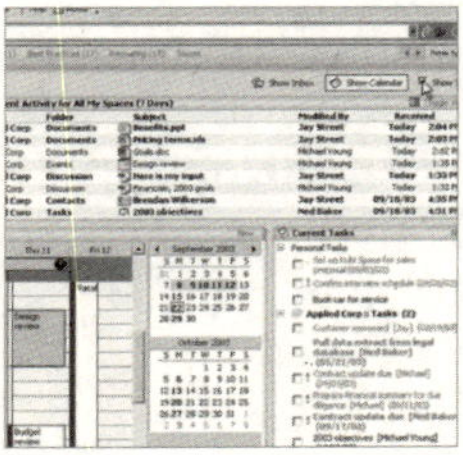

これからの分類の手法

http://www.caelo.com/

たくさんのメールを受け取るようになると、フォルダーに分類して整理する。しかしフォルダー自体が多くなってくると、どのフォルダーに入れるべきか迷ったり、どこに入れたかがわからなくなる。

こうした問題はCaeloのNelson Email Organizerを使えば改善される。このソフトウェア、非常に多機能なのだが、特徴的なのはメールを〈バーチャルフォルダー〉に自動振り分けしてくれる点だ。

来たメールを実際にフォルダーに振り分けるのではなくてそのショートカットだけを振り分ける、というイメージだ。したがって同じメールが複数のフォルダーに入っていてもよい。

たとえば鈴木さんから来たメールは〈今日のメール〉フォルダーと、〈今週のメール〉フォルダーと、〈鈴木さんから来たメール〉に同時に振り分けられる。

これを使えば、さまざまな角度からメールを探すことができる。

増え続けるデータの分類法は悩むところだ。Caeloを見ていればこれからの分類作業のヒントが見つかるのかもしれない。

アイデア　058

メールを多面的に分類してくれるソフトウェア

01

Caeloでは画期的なメールソフトウェアを開発している。一見普通に見えるこのソフトウェア……。

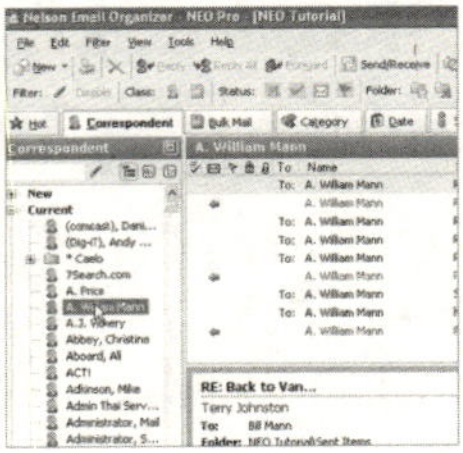

02

よく見ると、メールの上に何やらいろいろなタブが……。

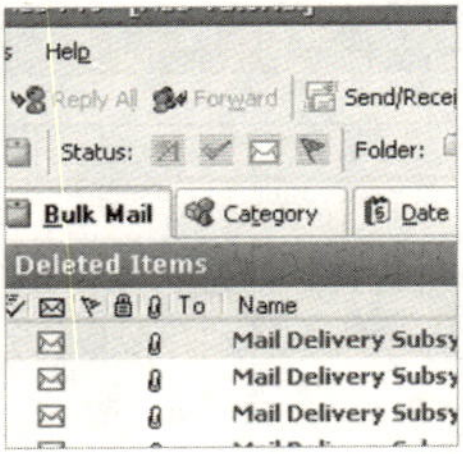

03

このタブを使うことで1つのメールをさまざまな角度から探すことができる。どんどん増えていくメールを多面的に探すことができる。

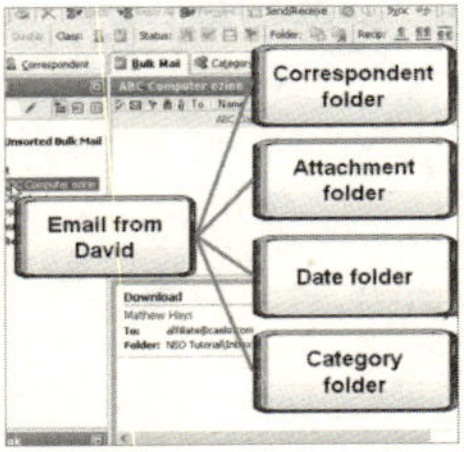

地球規模で発想する

http://www.gpsdrawing.com/

スケールの大きなことに出会うとワクワクする。

そんなワクワク感をGPS Drawingは与えてくれる。なんといっても「GPSを使って地球に落書きしてみよう！」というスケールの大きさだからだ。

GPS Drawingの仕組みは非常にシンプルである。GPSを持って旅に出かけ、その軌跡でもって絵を描きましょう、というものである。

そのように描かれた絵は旅の記録とともにGPS Drawingのサイトに投稿することができる。魚の形に車で旅してみました、などという画像を見ることができて圧巻だ。

〈地球規模〉という言葉にはワクワク感がある。地球の大きさ、人類の矮小さ、自然の偉大さなどに気づくからだと思う。

遊びやビジネスだけではなく、あらゆる側面において〈地球規模〉の発想ができる人間でありたい。

アイデア　059

地球に落書きした人の作品を見られるサイト

01

この2人連れが持っているのはGPS（位置情報確認システム）である。それで何をしているかというと……なんと歩いた軌跡でもって絵を描いているのだ。

02

たとえばこの人の顔も、ある人がGPSを持って歩いた軌跡である。移動する手段は徒歩、車、船、なんでもかまわない。

03

実際に地図上では右のようになる。地球にお絵描きをしてみよう！　という壮大な遊びである。

大量に常備しておく

http://www.moviebeam.com/

衛星放送を使っていたころは（悲しい響きだ）、よーし！ 映画見まくるぞー、と思いながらさっぱり映画を見なかった。同様に郵便でDVDを借りられるサービスもしばらく使ってみたが、やっぱりあまり見なかった。

両方ともそれなりに便利なのだが、衛星放送はスケジュールをチェックしなくちゃいけないし、郵便DVD配達サービスはウェブで自分の好きな映画を選ばなくてはいけない（しかも貸し出し中でないもの、という制限がつくのが痛かった）。

なんか、こう、その中間にあるようなものってなかろうか、と思っていたらMovieBeamを見つけた。

このサイトでは新しい形の映画レンタルを提唱している。テレビの上にのせるこの機器には常時100本の映画が蓄積されていて、定期的にそれらが入れ替わってくれる、というシステムだ。

これなら貸し出し中じゃない映画を探してウェブをウロウロする必要もないし、スケジュールをチェックする必要もない。好きなときに好きなものを見ればいい。常時100本くらいあれば1本くらいは見たいものが見つかるだろう。

映画に限らず、**レンタルとか、選んで買うものを、常時家にどーんと置いておけるようなシステムがあるといいのかもしれませんね。**

アイデア　060

いつでも100本、家に映画を蓄えておいてくれるサービス

01

MovieBeamでは家庭で手軽に映画を楽しむための機器を販売している。この機器をテレビに接続すれば準備OKだ。

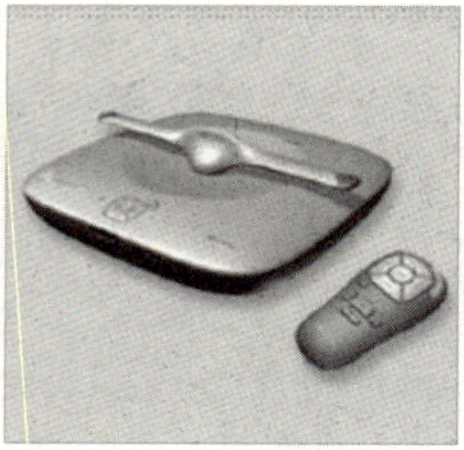

02

常備100本用意された映画の中から好きなものを自分の好きな時間に見られるようになる。

03

しかもこれらの映画は無線を通じて自動で配信される。テレビをつけるといつのまにか新しい映画が補充されている、という仕組みだ。

自分の力を等身大に把握する

http://www.reebokcyberrider.com/

大学のときは器械体操部だった。学業の関係で2年間だけではあったがとても楽しかったのを覚えている。

肉体改造の成果が毎日見られる。恐怖心と戦える。部室でお昼寝。いろいろ楽しい思い出ばかりだったが、一番楽しかったのは自分の力で空中に舞えたことだ。助走から側転ひねり、バック転……。そこからいかに高く跳べるか。まぎれもない自分の力だけで見えた世界は感動でいっぱいだった。

技術が進歩するにつれ人間の力を超えたことが可能になってきているが、こうした等身大の力を体感する機会は残しておきたいものである。

そう思っていたらReebok CyberRiderに出会った。このサイトではパソコン（またはプレイステーション）につなぐ自転車こぎマシーンを販売している。

これがユニークなのは、自転車をこぐスピードがゲームにそのまま反映される点である。自分の体力がそのまま、ゲーム中の自分のマシンのスピードになるのだ。

自分の力を等身大に見せるような仕組みを考えてみよう。そこには自分の力で勝ち取った感動があるような気がする。

アイデア　061

あなたの運動量がそのままゲームに反映されるシステム

01

トレーニングマシンのようなこの自転車、トレーニングができるのは間違いないのだが……。

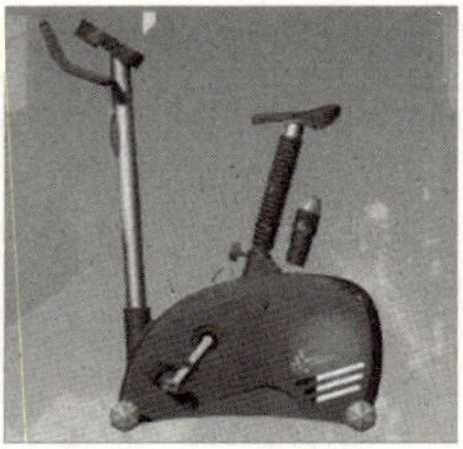

02

なんとこの自転車、パソコンにつないでゲームをしつつトレーニングができてしまう。しかもこぐ速さがゲームに反映されるのだ！

03

手元にはちゃんとゲームのコントローラーがついている。巨大なゲームコントローラーとして使うこともできるだろう。

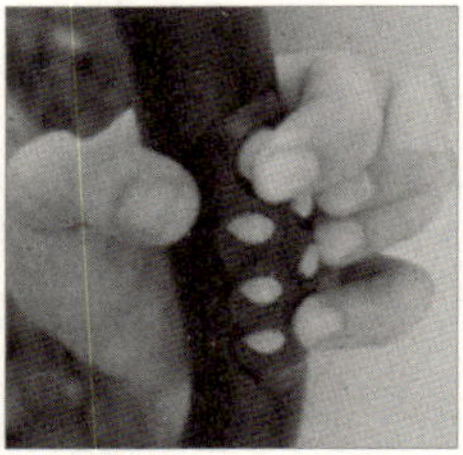

みんなと違った視点を加える

http://www.captionmachine.com/

ディベートの技法に〈六角ディベート〉なるものがある。普通ディベートというとYESとNOの2つの立場に分かれて議論をする。しかし、六角ディベートではその名のとおり6つの立場から議論をする。

このようにYESでもNOでもない立場をとることによって、より深い議論が可能となる。

そういう意味ではCaption Machineも面白い。これはある写真について〈ひとこと〉をつけることのできるサイトである。その写真は何を表しているか、写真に映っている人は今何と言っているか、なんでもいいから写真にひとことをつけてそれを投稿できる。

もちろんほかの人がつけた〈ひとこと〉も見ることができる。これらを見ていると世の中にはいろいろな視点があるのだな、と気づいて楽しい。

1枚の写真という限られた情報を、いかに多くの視点から見ることができるか。思考のパターンに行き詰まったら見てみるといいだろう。

今、自分の前に提示された情報に対して1つでもいいから違った視点を加えてみよう。

アイデア　062

1つの写真に、世界中の人がどんな面白いコメントをしているか読めるサイト

01

このサイトにはたくさんのつっこみがいのある写真が並んでいる。

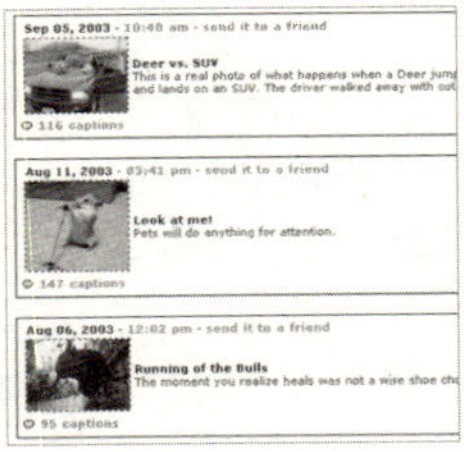

02

たとえばこのハムスター（?）が歌を歌っている写真には147件のコメントがついていることがわかる。

03

1つの写真にどんな面白いコメントをつけることができるか。それぞれが創造性を競う楽しい場所になっている。

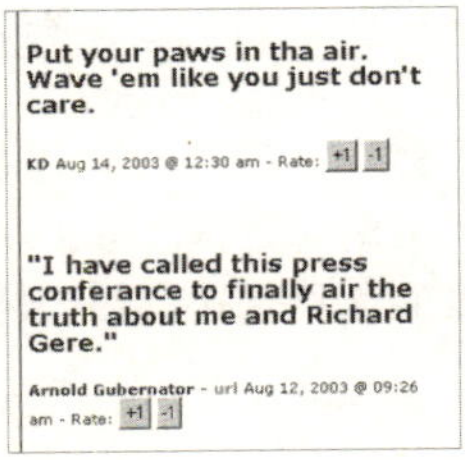

何に興味がないか、を知る

http://www.hearingpoint.com/

HearingPointの補聴器はちょっとした発想の転換によって今まで実現しえなかった劇的な効果を生み出している。

この補聴器は、ネックレス型と耳にはめる形状の2つの機器からなる。ネックレス型の機器は着衣の上から装着でき、6つのマイクが内蔵されている。そのマイクが周囲の音を拾い、デジタル合成して無線で耳の補聴器まで音を飛ばす、という仕組みだ。

このシステムが画期的なのは〈周囲の音の重要性を方向によって重みづけしている〉点だ。人は無意識に横やうしろの音をほとんど無視している（特に意識していない限り）。HearingPointも6つのマイクの方向によって正面の音はより大きく、横やうしろの音は遮断して、周囲の音を補聴器に届ける。この仕掛けによって本当に聞きたい音だけを聞くことができるのだ。単純ではあるがこの仕組みは軍隊のレーダーにも活用されている。

本当に届けたい情報だけを届ける、ということは、いらない情報を排除することである。

ビジネスにおいても〈何に興味があるか〉ではなくて〈何に興味がないか〉を顧客から聞き出せれば、効果的な情報提供ができるだろう。

アイデア　063

前からの音は大きく、側面とうしろからの音は小さくしてくれる補聴器

01

HearingPointでは高機能な補聴器を開発している。

02

それがこの首にかけて使う補聴器だ。この補聴器にはいくつものマイクが埋め込まれている。

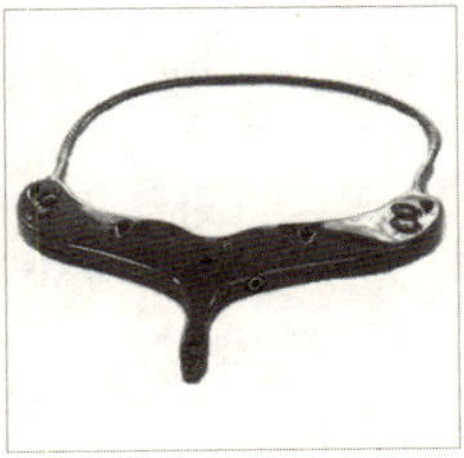

03

それらのマイクを使い、前面から聞こえてくる音は大きく、側面とうしろから聞こえてくる音は小さくすることによって、より自然な音を再現できる。

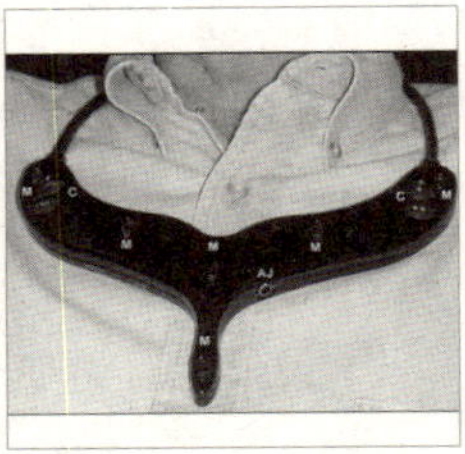

スマートな道具にしてみる

http://www.wildseed.com/

手軽に外観が変えられる〈スキン〉という概念は、いわゆる着せ替え用のパーツである携帯電話やデジカメにも広く活用されている。

そして〈スキン〉をさらにもう一歩進めて、〈スマートスキン〉なるコンセプトを提唱しているのがWildseedである。この企業では、スマートスキンを搭載した携帯電話を開発している。

スマートスキンは、外観だけではなく中身まで変えてしまうことができる。携帯電話でいうと、スキンを変えるだけで、そのスキンに応じて着信音や、待ち受け画面ゲームまで変わるのだ。

たとえば野球のスマートスキンでは、「プレイボール！」の着信音が選択できたり、野球の選手の待ち受け画面が現れたり、とかそういうことだ。

もう一段上のインテリジェンスを与える、という意味で〈スマート〉という接頭語は使えるだろう。身の回りのものに〈スマート〉をつけて呼んでみるとどんな新しい発想が得られるだろうか。

アイデア 064

着せ替え用のパーツを変えると、待ち受け画面や着信音が自動で変わる携帯電話

01

外観を好みに応じて変えられる携帯電話はいくつか開発されているが、Wildseedの携帯電話はちょっと変わっている。

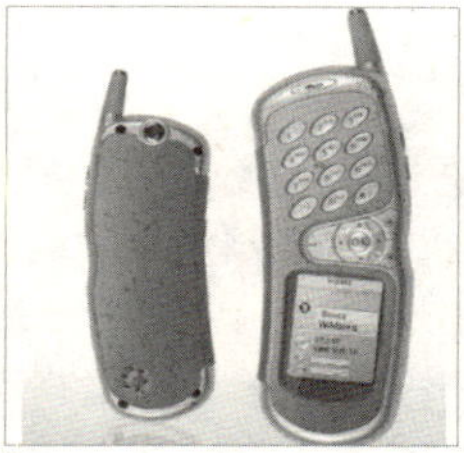

02

なんと外観を変えれば中身も変わるのだ。着せ替え用のパーツをはめると、それにあわせて待ち受け画面や着信音まで自動で変わる。

03

秘密は着せ替え用のパーツにはめこまれたチップにある。このチップに反応して携帯電話の中のソフトウェアが変化するのだ。

いつでも電話に出られるようにする

http://www.skullcandy.com/

たまに「なんで電話に気づかなかったんだろう？」というときがある。音楽を聴いていたり、考えごとをしていたりするとそういうことがあるようだ。

もしあなたにそんな経験があって、もしそれが街中で音楽を聴いていたりするときに起こるならば、Skullcandyがおすすめだ。

このサイトでは携帯電話とウォークマンの両方につなげられるヘッドフォン＋マイクを販売している。

これを使えば、音楽を聴いていて電話がかかってきても、ヘッドフォンをはずさずにそのまま話しつづけることができる。音量は手元のコントローラーで調整できる。完全に音楽を消して電話に切り替えてもいいし、音楽を微妙にかけながら電話で話してもいい。

携帯電話の普及で、いつどこにいても電話に出ることが期待されている（それがいいことか、悪いことかの判断は難しいが）。

そう考えるとSkullcandyのように、**今やっている作業を中断せずに電話に出られるような仕掛けはほかにも考えられるのかもしれない。**

アイデア　065

音楽プレイヤーと携帯電話の両方につなげられるヘッドフォン

01

音楽をよく携帯している人にはSkullcandyのヘッドフォンがおすすめだ。

02

このヘッドフォン、なんと携帯用音楽プレイヤーと携帯電話の両方につなげて使うことができるのだ。

03

これを使えば、ヘッドフォンから携帯の着信音が聞こえてくる。これなら音楽を聴いているときでも電話を取りそこねることがないだろう。

まだ足りないサービスを考える

http://www.vertu.com/

贅沢な携帯電話の登場だ。Vertuでは貴金属をあしらった携帯電話を販売している。またケースやストラップも贅沢三昧の仕様になっている。

しかし本当に贅沢なのはそれについているサービスである。Vertuの携帯電話についているボタンを押すと、専用のコンシェルジュ（御用聞き）につないでくれるのだ。ここではチケットやレストランの予約などを気軽に頼むことができる。

顧客は製品を買っているのではなくて、製品を通じた体験を買っている。

Vertuの場合も実際の製品は携帯電話やコンシェルジュサービスであるが、体験として提供しているのは〈贅沢感〉とか〈高級感〉とかいうものである。この体験を実現するための仕掛けが貴金属であったり、専任のコンシェルジュだったりするのだ。

あなたの提供しているサービスや製品はどんな体験を顧客に提示しているだろうか。その観点から考えると、まだ足りないサービスや、逆にいらないサービスがわかってくるだろう。

アイデア　066

貴金属をあしらった超高級携帯電話

01

このスタイリッシュな携帯電話……なんと金銀をあしらった超高級携帯電話なのだ。

02

オプション品の中には、これまた金銀をあしらったイヤホンや携帯のためのケースなどが並ぶ。

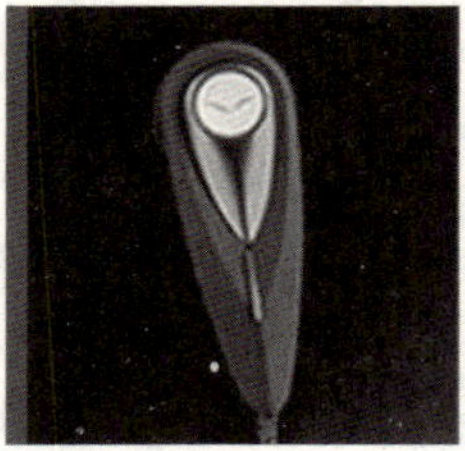

03

しかし一番高級なのはこの携帯電話についた〈コンシェルジュボタン〉。このボタンを押せば専用のコンシェルジュ（御用聞き）につながり、映画やレストランの予約などができてしまうのだ。

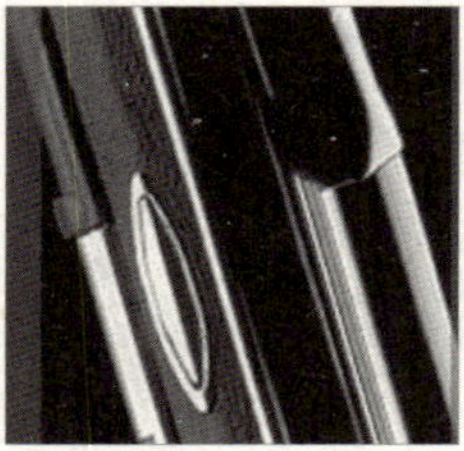

忘れたころに教えてくれる

http://www.supermemo.com/

たとえば1つの英単語を覚えたとする。

当然のことながらそのあとテレビを見たり、別の単語を覚えたりすると、だんだんその記憶はあやふやになる。

したがって記憶を確固たるものにするには、ある程度の間隔をおいて復習することが必要になる。

ただしこのタイミングが難しい。あまり早く復習しても、記憶したばかりなので時間の無駄だ。一方、あまり遅すぎても完全に忘れているので、記憶するのに同じくらい時間がかかってしまい、またしても時間の無駄だ。

SuperMemoはこうした時間の無駄を排除してくれる。ここで提供しているソフトは、「あなたはこのタイミングでこの記憶を復習すべき」といったことを計算して教えてくれるからだ。

最近は〈ゆとり教育〉が話題である。ただ、科目数を減らしてゆとりを作るのではなくて、SuperMemoのような**学習効率の向上を通じてゆとりを作るのがいいのかもしれないですね。**

アイデア　067

忘れたころにテストしてくれる単語記憶用のソフトウェア

01

SuperMemoを使えば効率的に学習することができる。

02

その秘密は〈復習するタイミング〉にある。このソフトウェアを使えば、早すぎるでもなく、遅すぎるでもないタイミングを自動的に計算し、復習すべきときに復習すべき問題を与えてくれるのだ。

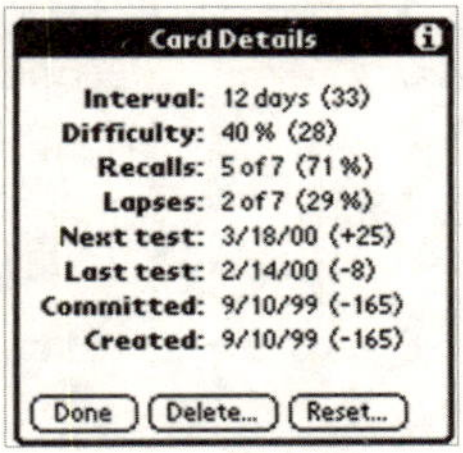

03

そのタイミングはテストをしたあとの答え合わせで、記憶の定着度合いをユーザーに聞くことによって算出する。

遊びを導入する

http://www.seriousplay.com/

最近の研究によると、遊びながら行う学習はより効果的であり、深い理解や創造性の発揮などを達成できることがわかっている。さらに遊びの中でも実際に手を動かすたぐいのものは、より効果が高いらしい。手を動かし続けることにより、うまく言葉にできない思考を手を通じて解放することができるからだ。

となると、手を動かすような遊びを学習のシーンに応用するというのは悪くない試みだ。

Serious Playでは、ビジネスを学ぶためのLEGOを提供している。LEGOは子供から大人まで楽しめるブロック遊びであるが、Serious PlayではそのLEGOを使ってビジネスパーソン向けのトレーニングプログラムを開発したのだ。

彼らのサービスは、LEGOを使ったワークショップである。このワークショップでは実際に手を動かしながらLEGOを扱うことによって、戦略的な思考や自分のスキルに対する認識を深めることができる。

遊びを学習やトレーニングのシーンにどのように導入できるだろうか。あなたの好きな遊びをビジネスにどう活かせるか考えてみよう。

アイデア　068

ブロック遊びからビジネスを学べる研修プログラム

01

大の大人が何をしているかというと……ブロック遊びである。

02

ただし、彼らがここで学んでいるのはビジネスである。

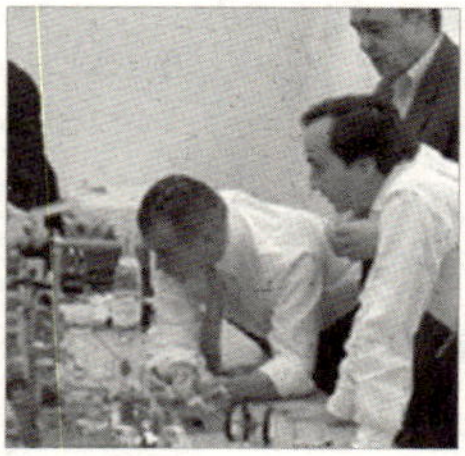

03

実際に手を動かしつつ会社の経営やマーケティング戦略を考えられるようにSerious Playのプログラムはデザインされている。

モラル向上システム

http://www.easydorm.com/

あるスーパーの会員になると、激安価格をエンジョイできる代わりに、一定期間は店員として働く義務が生じる、といった仕組みがあると聞いたことがある。

なるほど、これはよくできている。

お店と客の境界をはずすことにより、双方のモラルを向上させることができる。お互いの立場を体験的に理解できるからだ。こうした仕掛けはスーパー以外でも使われてほしいものである。

そんなことを考えていたらEasyDormに出会った。このサイトはまだ準備中であるが、世界中の都市で格安宿を提供する予定である。

面白いのは、泊まる人がチェックアウト前に部屋を掃除したら宿泊代が安くなるという制度である。普通は宿の人がやる仕事を自分で経験することによって、値段が安くなるばかりか、その人のモラルも向上するのではないだろうか。

サービスを提供する人とされる人の境界をなくす。そうした制度はあなたのビジネスに活かせないだろうか？

アイデア　069

チェックアウト前に自分で掃除をすれば安くなる宿

01

まだ準備中のこのサイトであるが、その試みはすばらしい。欧州にて、旅行者に宿を提供するサービスだ。

02

部屋はブロックで構成されているので運搬や設置が楽だ。そのぶん格安の料金で利用することができる。ただし、あることをするとさらに料金を割り引いてくれる。そのあることとは……、

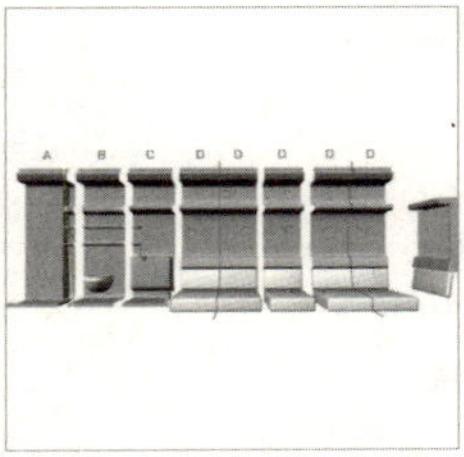

03

チェックアウトをする前に部屋の掃除を自分ですることである。安くなるうえに宿で働く人の気持ちがわかる、というすばらしいアイデアだ。■

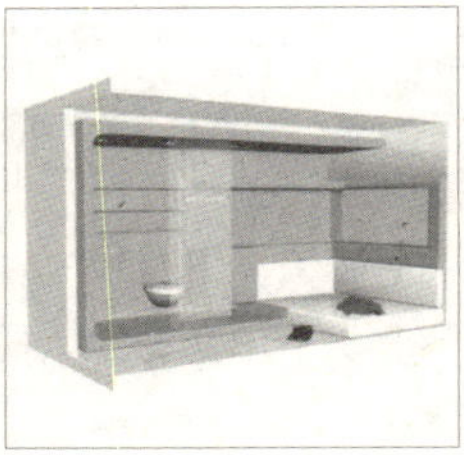

■コラム：『e』をつけて妄想してみよう③

身の回りのものに『e』をつけてみると驚きの製品やサービスが思いつくのかも。話のネタに尽きたときは、そうしたゲームをしてみてはどうだろう。たとえば……。

e-くつひも　今着ている服の色を自動的に感知、もっともいい感じの色に自らを変える優れもの……。

e-爪きり　切った爪の長さを一生を通して記録。天命をまっとうするときに「あぁ、自分の爪たるや、何メートルも伸びたのか……」と感慨にふけることができる。夜に爪を切ろうとすると動かなくなるという律儀な面も。

e-マイク　このマイクさえあれば物マネから声帯模写、「都合により音声は変えてあります」などのシチュエーションが自由自在。ネット上の友達と〈声〉を交換する〈ボイスエクスチェンジ〉機能も搭載……も面白いかも。

e-仕事　本業とは別にネット上で行うアルバイト形式の仕事。子供から老人まで幅広い職種が用意されており、2005年から始まった日本経済大躍進の起爆剤となった……ならいいな。

次のコンセプトが浮かんでくる

情報を環境に埋め込む

http://www.ambientdevices.com/

「おっと、そりゃなんだい。赤になったり緑になったり。タマゴみたいだな。新しいインテリアかい？」

「おっと、君も目ざといね。先週ようやく手に入れたんだよ。Ambient DevicesのOrbっていうんだ」

「Ambient？ そりゃどういう意味だい？」

「環境とか、周りのとかって意味だね。よく環境音楽ってアンビエントミュージックって言うだろ」

「ふーん。で、そのアンビエントとこのタマゴとどんな関係があるんだい？」

「つまりこれは〈アンビエント情報〉という概念を提唱しているのさ。よく天気や株価を見るのに、ホームページにいって地域を選択したり銘柄を選択してから見るだろ。一方、壁時計はそんな面倒なことはしなくていいよね。壁を見ればすぐわかる。つまり、情報が環境に埋め込まれているんだよ。で、このOrbはタマゴの色がある情報を伝えているというわけ。ちなみにこれは僕が持っている株価の様子を示しているんだよ。緑だと株価上昇中、赤だと下降中なんだ」

情報を環境に埋め込む。そうしたコンセプトで考えるとあなたの欲している情報はどう伝えられるべきだろうか。

アイデア　070

〈色〉で情報を伝えてくれる道具

01

この卵形の機器、その色で情報を映し出してくれる。

02

たとえば株価の変動情報。株価が上がっていれば緑、下がっていれば赤、と色を変えて教えてくれる。

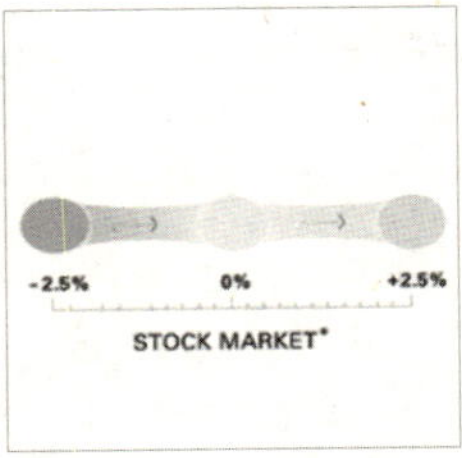

03

またほかにも、天気予報を色で示してくれる機器も販売されている。

遊びと仕事を瞬間で切り替える

http://www.prodikeys.com/

キーボードなキーボード、Proudikeysの登場である。こう言葉にしてみるとわけがわからないが、つまり、(コンピュータの) キーボードと (音楽の) キーボードが合体したものである。

このキーボードなキーボード、(コンピュータの) キーボードの手前に鍵盤がついている。仕事中にちょっと音楽を奏でることもできるし、音楽を弾きたくないときは鍵盤にカバーをかぶせてアームレストにすることもできる。

また、この製品はそもそもコンピュータと連動しているので、音楽データをインターネットからダウンロードして楽しむこともできる。

キーボードなキーボードというしゃれも好きだが、作業をする (コンピュータの) キーボードと、楽しむための (音楽の) キーボードの距離を限りなくなくした発想が素敵である。

作業環境を瞬間的に楽しむための環境に変える。あなたの作業環境でそうした仕組みが作れないだろうか。

アイデア　071

キーボードで演奏できるキーボード

01

Prodikeysのキーボード、なんとパソコンのキーボードに音楽のキーボードがついている！

02

音楽のキーボードは、使わないときはカバーをかけておける。キーボードを打つときのアームレストになるのだ。

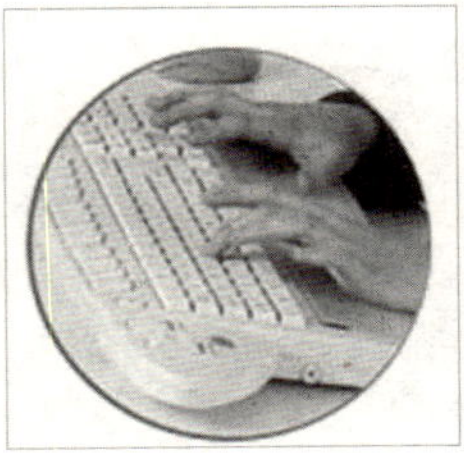

03

パソコン上で動く音楽学習ソフトもついてくるので、今使っているディスプレイで楽々練習できる！

動作で操作する

http://www.fingerworks.com/

またしても物欲刺激しまくりアイテムのご紹介だ！

FingerWorksのFingerboardは1枚のキーボードでキーボード、マウス、ジェスチャーまでこなしてしまう。

ジェスチャー？

そう、このFingerboardがユニークなのはジェスチャーなるものをキーボード上で使用できる点である。

その根底にあるのは、キーボードに内蔵されたセンサーだ。このセンサー、キーボード上で手がどんな状態（形）にあるかをリアルタイムに把握できるのだ。

たとえば右手をキーボード上で握るようにしたら〈保存〉のコマンド、右手の指を右に振るようにしたら〈開く〉のコマンドが実行できたりするのだ。

一連のコマンドを、より直感的なジェスチャーという〈動作〉に落とし込んだ点がすばらしい。この〈ジェスチャー〉というコンセプトは、キーボード以外のどんなところに使えるだろうか。

アイデア　072

ジェスチャーを理解できるキーボード

01

このキーボードではジェスチャーを使うことができる。

02

キーボードの上で指を動かすと、さまざまなコマンドを入力することができる。たとえばコピーのコマンドは右手の中指と親指でつまむような動作をすればいいだけだ。

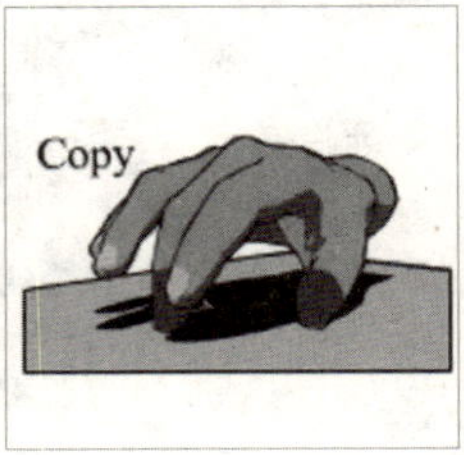

03

このようなジェスチャーは、キーボードに設置されたセンサーで実現されている。そのセンサーが今手がどんな状態にあるか検出、解析してくれるのだ。

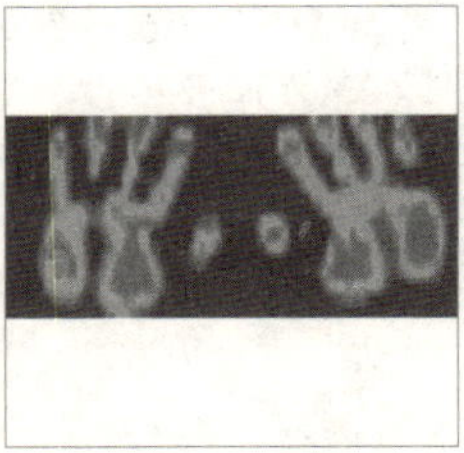

パソコンの一部になる道具たち

http://www.wallflower-systems.com/

無線市場は拡大傾向。そんな記事を新聞で読んだ。たしかに最近は無線ネットワークを街中で利用できるホットスポットが増えてきた。便利な世の中である。

そう考えると、パソコン以外の機器も無線ネットワークでいろいろコントロールできるようになるだろう。

そんなことを思っていたらWallFlower-Systemsを見つけた。このサイトでは無線ネットワークを利用した写真立てを販売している。

今までもデジタル写真を写真立てに表示させる機器はあった。しかしWallFlowerがすばらしいのはそれが完全に無線ネットワークドライブと認識される点だ。

写真を表示させたい場合は、マイコンピュータに現れる〈写真立てドライブ〉に画像ファイルをドラッグ&ドロップするだけでいい。いままでのようにメモリーカードやCD-Rを挿し込む必要もない。

写真立てに限らず、無線技術があれば、家電や文具を〈○○ドライブ〉として認識できる世界が来るだろう。どんな〈○○ドライブ〉があったらあなたにとって便利だろうか。

アイデア 073

パソコンから操作できる写真立て

01

この写真立てに映っているきれいな写真。この写真はなんとパソコンから無線で送信されている。

02

写真立てに写真を送信するのは簡単だ。マイコンピュータに表示されるWallFlowerのドライブに写真のデータを移すだけだ。

03

しかも写真立ての動作（何分ごとに写真を変えるか、など）はブラウザ上で簡単に設定できる。

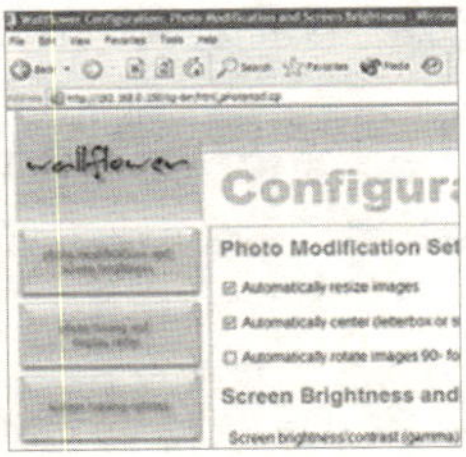

使っていない体の部分を使う

http://www.nohandsmouse.com/

最近考えごとをするときは片足で立ってみる。全身のバランスをとりながら考えごとをすると、体中の細胞が総動員されているようで、椅子に座ってぼんやり考えているときよりもナイスアイデアがすぐ浮かぶ。

全身を使う、というのが鍵のようだ。

そういえば小さいころ勉強していたら「勉強は立ってしろ、頭が高い位置にあればあるほどいいんだ」と（当時）意味不明なことを父親に言われた。それも机にかじりついていないで、全身に神経を行き渡らせろ、という意味だったのかもしれない。

だとするならば、No Hands Mouseのマウスを使えば今までと違った発想が湧いてくると思われる。

このサイトではその名のとおり、足で操作できるマウスを販売している。両足で操作するこの機器でマウスのすべての機能を代替することができるのだ。キーボードから手を離さずにすいすいと作業をすすめることが可能だ。机が広く使えるという利点もある。

全身を使って操作する。そんな発想でもってふだんの仕事を考え直したら、どんな仕掛けが可能だろうか。

アイデア　074

手を使わなくても操作できるマウス

01

No Hands Mouseではその名のとおり、手を使わなくても操作できるマウスを販売している。

02

これが手を使わなくても操作できるマウス。つまり、〈足で操作するマウス〉だ。右足はカーソルの動きに、左足はマウスクリックに使う。

03

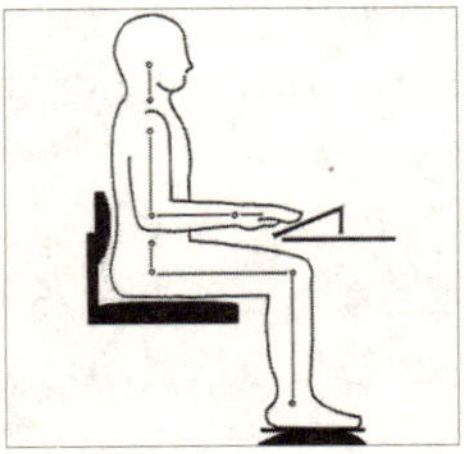

これを使えば、キーボードから手を離さなくても楽々パソコンを操作できる。また全身を使うことで、手だけを動かしたときよりもいいアイデアが浮かんでくるだろう。

操作できるようにしてみる

http://www.reactrix.com/

画期的な広告媒体の登場だ。Reactrixが提供しているReactive Mediaは未来の広告メディアたりうるか、今後要注目である。

Reactive Mediaは平面に映し出された広告をインタラクティブにしてくれる。

たとえばショッピングモールの床に企業のロゴが映し出されていて、その上に立体的に見えるボールがいくつも映されていたとしよう。

あれ、なんだろう、と思って人がそのボールを足でちょこんと触る。すると、床に映されたボールがまるで自分で蹴ったかのようにすべりだす。面白いので次々とボールを蹴っていくとそれに合わせて激しくボールがぶつかりあったり反射したりする。あー面白かった、と一息つくとその企業のお店が目の前に……。

そのようなことがReactive Mediaの技術で可能になる。この技術、何も広告に限らず、教育そのほかの分野でも幅広く使えそうだ。映画のポスターに触るとポスターの中の人が動き出す、と言ったことも可能だ。

平面に限らず、**ふだんインタラクティブになりえないと考えられているものをインタラクティブにしてみるとどんなことが可能になるだろうか。**

アイデア　075

触ると動き出す広告

01

床に映し出されたこの広告……。

02

そこに映されたボールを蹴ると、なんと広告の中のボールがあたかも本当に蹴られたかのように動き出す。

03

その仕組みは天井に仕掛けられたプロジェクターとセンサーにある。これを使えば、今まで見たこともないようなインタラクティブな広告を仕掛けられるだろう。

どこでも検索できるようにする

http://www.cuesol.com/

買い物に行ったはいいが、欲しいものがどこにあるのかわからない。店員を探すがなかなかいない。もしくは、忙しくしているので話しかけられない。

そんなことはままある。

どうにかならんかなぁ、でも人を増やしたらコストがかかるしなぁ、携帯かなにかで調べられたらなぁ、でもディスプレイは小さいし、接続は遅いしなぁ。

そんなことを思っていたらCuesolを見つけた。

このサイトでは、店内の買い物を便利にしてくれるタブレット状の機器を小売店向けに販売している。この機器には、タッチスクリーンのディスプレイと、無線ネットワーク機能が搭載されている。

客はこれを店内で渡される。するとどこに何があるかさっと検索することができる。また位置情報も把握しているので、自分の近くにお買い得品があれば教えてもくれる。

ウェブの登場で人は検索に慣れつつある。買い物に限らず、「あぁ、検索できたらいいなぁ」というシーンにはほかにどんなものがあるだろうか。

アイデア　076

売り場情報やおすすめ情報を検索できるショッピングカート

01

買い物にでかけると何がどこにあるかわからなくなる。そんなときにCuesolが便利だ。

02

この機器をショッピングカートにつけると店の中の情報を検索できる。どこに何があるのかな、といちいち店員に聞く必要がない。

03

同社では、お客の購入履歴をもとにクーポンを発行するキオスクも開発している。ショッピングカートにつける機器と合わせて利用すればきめ細かいサービスが可能だ。

友達との会話を活かす

http://www.moodlogic.com/

友達と遊んでいて「何聴く？」と聞いて曲名が返ってくることはめったにない。「なんか明るいやつ」とか「いい感じのやつ」などが答えであることが多い。

だったらそうした〈ムード〉で検索できるプレイヤーがあればいいな、と思っていたらやっぱりあった。MoodLogicでは〈明るい〉だとか、〈ハッピー〉だとかのムードで自分の持っている曲を検索できる。

またムードだけではなくて、テンポや年代で検索もできたりする。〈60年代ごろの曲でちょいとスローで、でもハッピーな感じ〉といった検索ができてしまうのだ。

冒頭の話ではないが、より日常生活に密着した検索のロジックは友達や家族との会話（や質問）にこそあるのかもしれない。曲だったらムードかもしれないし、旅行だったら周りの景色かもしれない。

友達に何かを聞かれたときにそれを検索ロジックに落とし込めるかどうか、考えてみてもいいだろう。

アイデア 077

その日の気分で音楽を検索できるソフトウェア

01

MoodLogicのソフトウェアを使えば自分の持っている音楽をきちんと管理しておける。もちろんジャンルやアーティスト名などで好きな曲を選ぶこともできるが……。

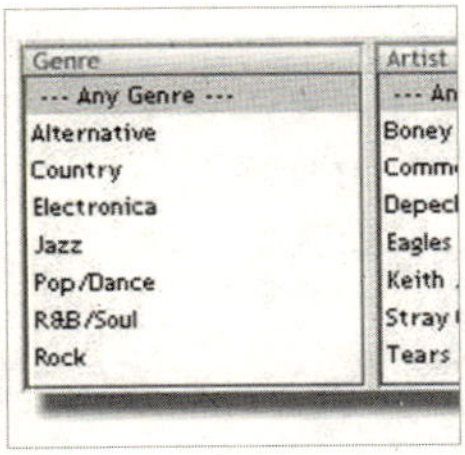

02

テンポや年代などでも検索可能だ。

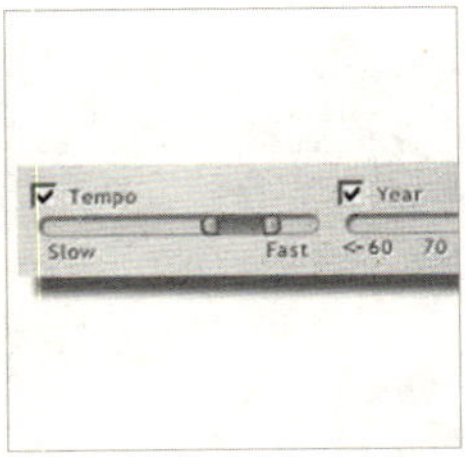

03

またそのときのムードで選ぶことも可能だ。「70年代くらいの、ちょっとテンポの速い、でもロマンチックな感じの曲を聴きたいな」という要望にもすぐに応えてくれる。

プロセスを楽しくする

http://www.realuser.com/

RealUserでは、よくあるID&パスワードによる認証を顔写真でやってしまいましょう、という技術を提供している。

使い方は簡単だ。RealUserでユーザー登録すると、5人の顔写真を覚えさせられる。これがあなたのパスワードならぬ〈パスフェース〉となる。

認証はランダムに表示される16人の顔写真パネル5枚から、自分の〈パスフェース〉を1人ずつ選んでいくだけである。

自分でやってみて思ったのだが、この〈人の顔〉という認証技術、覚えやすく忘れにくいという点がいい。パスワードのように言葉ではないのでコンビネーションを推測しにくいという利点もある。さらに言語に頼らないためどこの国でも使うことができる。

しかしもっとも強調すべきは、認証プロセス自体が〈楽しく〉なる点である。IDとパスワードを入力してください、と冷たく指示されるよりも、あなたの〈パスフェース〉を選んでください、と人の笑顔が並んだほうが心がなごむ。

認証プロセスに限らず、**少しでもプロセスを楽しくするために工夫できることはほかにもあるだろう。笑顔を使うというのは1つのヒントになるのかもしれない。**

アイデア　078

顔写真の認証を可能にするソフトウェア

01

インターネット上での新しい認証方式を提案しているのがRealUserだ。このソフトウェアを導入するとプロセスがぐっと楽しくなる。

02

なんとパスワードの代わりに人の顔写真を認証に使うのだ。この並んだ顔写真がパスワードならぬ〈パスフェース〉である。

03

パスワードが顔なので、覚えやすく盗まれにくい。また言語に頼らないので、どんな国でも使うことができる。

Forget P*55w*rds!?
Use Passfaces™

存在さえ知らせない

http://www.ztrace.com/

zTraceで提供しているソフトウェアを使えばあなたのパソコンのデータをパスワードで保護できる。

ただしこのパスワード入力のさせ方が実に秀逸だ。

「パスワードを入力してください」などとは聞いてこないのだ。

パスワードを知っている人だけが、パソコンを起動する際にあるタイミングで入力できる。パスワードを知らない人はパソコンを起動はできるが、大事なファイルを見ることができないし、そもそもそれが隠されていること自体に気づかない。

よくよく考えればこれは実に正しいアプローチだ。本当にセキュリティレベルを上げたいならばパスワードの存在さえ知らせるべきではない。

知らせたくないことはその存在さえ知らせない。パスワードだけでなく、さまざまな場面でこの発想は活かせるだろう。

アイデア　079

パスワードの存在を悟らせない方法

01

パスワードを入力してください、というのはよくよく考えれば間抜けな仕組みである。そう気づいたのがzTraceである。

02

このソフトウェアを使えば、パスワードの存在自体を隠しておける。

03

知っている人だけが、あるタイミングでパスワードを入力できる。ほかの人はパスワードがかかっていることさえ知らされない。

モーションな発想

http://www.caveo.com/

今度ノートパソコンを持ってぶんまわしている人を見つけたら、その人はCaveoの製品を使っているのかもしれない。

このサイトでは画期的な盗難防止システムを開発している。このシステム、動作を監視する技術でもってノートパソコンを盗難から守ることができる。

所定の位置からノートパソコンが動かされたと判断された場合、アラームを鳴らしたり、データをロックしてシステムをシャットダウンしたりしてくれるのだ。

また面白いのは、いったんプロテクト状態になったパソコンのパスワード解除方法である。このシステムでは〈モーションパスワード〉なる方式を採用している。パスワードを解除するには一定の法則でもってノートパソコンをぶんまわす必要があるのだ。

なんとも、はや、画期的である。

〈動作を使う〉という発想は面白い。目についたものに〈モーション〉なんて言葉をつけてみると発想が刺激されるだろう。モーションマウス、モーションデジカメ、モーションプリンタ……、などなど。

アイデア　080

動作で設定できるパスワード

01

盗難に備えてノートパソコンをロックしておくのはいいアイデアだ。ただしパスワードも一緒に盗まれたり、簡単にパスワードをあてられたらロックした意味がない。

02

そこでCaveoの登場だ。これを使えばパスワードを〈動作〉で設定することができる。

03

パスワードを解除するには、あらかじめ設定された動作でノートパソコンを動かす必要がある。

サイトからアプリケーションへ

http://www.infuzer.com/

たとえばあなたがサイトを運営していたとする。その中にイベント情報を載せたとする。そのイベントに多くの人にきてもらいたいとする。あとできることといえば、そのイベント情報をみんなが予定表にメモしてくれれば！ と祈ることくらいか。

それじゃあだめだ。

そんな声がInfuzerからは聞こえてきそうである。Infuzerではサイト上に掲載されたイベント情報を予定表アプリケーション（アウトルックなど）に直接登録させる技術を提供している。

むろん、予定表アプリには関連URLや必要に応じてチケットを購入するサイトの情報なども組み込むことができる。

どんどん増えていくサイト上の情報。それらの情報をスムーズにデスクトップにあるアプリケーションへ流し込むにはどうしたらいいだろうか。Infuzerの仕組みがそのヒントになるだろう。

アイデア 081

サイトイベント情報を予定表アプリケーションに登録してくれるソフトウェア

01

あなたがサイトを持っていて、イベントの告知をしたいならInfuzerを使うと便利だ。

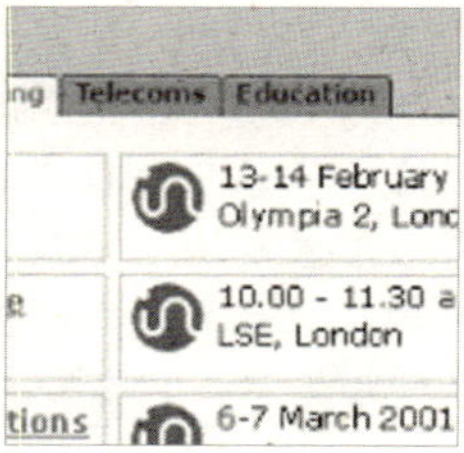

02

サイトを見た人がInfuzer対応のイベントをクリックすると、アウトルックなどの予定表アプリケーションに直接予定が登録される。

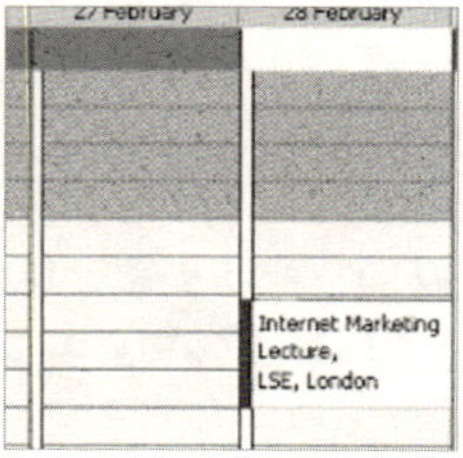

03

もちろん日時だけではなく、関連情報も登録させられるので、より効果的な情報提供が可能だ。

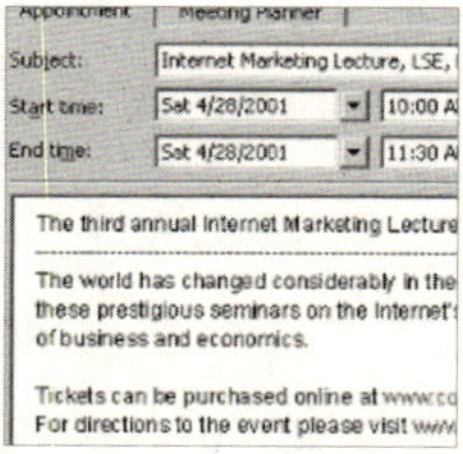

プライバシー保護をあきらめる

http://www.mailinator.com/

ここでメールアドレスを教えたら（入力したら）きっと宣伝メールがくるだろうなぁ、というときは、Mailinatorがいいだろう。

このサイトではちょっと変わった方法で使い捨てメールアドレスを提供してくれる。なんと、ほかの似たようなサイトと違い、事前登録が一切必要ないのだ。メールアドレスが必要なときに、その場で思いついたメールアドレスを使えばいいだけだ。

思いつくメールアドレスは何でもいい。@以下がmailinatorであればいいだけである。bob@mailinatorでもいいし、hello@mailinatorでもいい。あとはMailinatorのサイトでメールチェックをすればいい。

ん？ そうするとほかの人と同じメールアドレスを選んでしまうのではないかと思われる人もいるだろう。

そのとおり。このサイトは簡単に使えるかわりにプライバシーもないのだ。同じメールアドレスを選んだ人のメールがそのまま見えてしまう。むろん、そもそも使い捨てのメールなので重要なことは書いていないだろうし、重要なやりとりをしたいならほかのメールアドレスを使えばいいだけのことだ。

メールに限らず、**プライバシーがまったくありませんと宣言してみると面白いことが実現できるのかもしれないですね。**

アイデア　082

その場で思いついたメールアドレスを発行してくれるサービス

01

使い捨て用のメールアドレスだったらMailinatorがおすすめだ。

02

このサイトでは、思いついた瞬間に使えるメールアドレスを配布している。事前の登録は一切いらない。使ったあとはMailinatorのサイトで確認しよう。

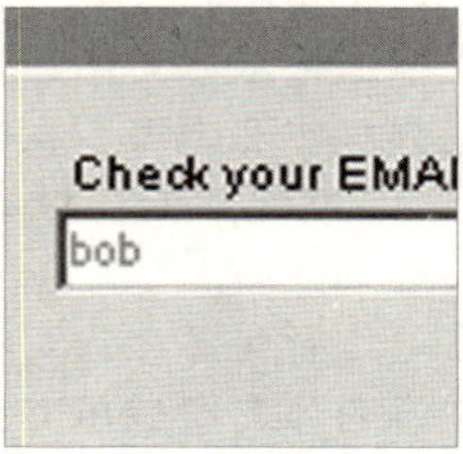

03

もちろん思いつきで作ったアドレスなのでほかの人も使っている可能性がある。しかしどうせ使い捨てなので重要な用件ではないはず。

連続するプロセス

http://www.ski-trac.com/

そういえば最近スキー（もしくはスノボー）に行っていない。冬のエンターテイメントのオプションからはここ数年はずれてしまっている。

準備やらリフトに乗っている時間に比べて、滑っている時間があまりにも短いのがその理由だ。自分が投資する時間に対しての楽しみが少なくて、どうも割に合わないのだ。

ただ、Ski-Tracのようなスキー場には行ってみたい。

なんとこのスキー場、いつまで滑っても下につかない構造になっている。仕組みは簡単。スキー場自体が巨大なお皿のような構造で、それに傾きをつけて回転させているのだ。なんともダイナミックな発想である。

そう考えるとスキーのように**折り返し型というか、準備をして楽しんで、準備をして楽しんで、といったエンターテイメントはほかにもあるだろう。**

そうしたプロセスを、Ski-Tracのように〈連続型〉のプロセスに組み替えるにはどうしたらいいか考えてみよう。

アイデア　083

いつまで滑っても下につかないスキー場

01

このドーム型の施設、なんとも画期的なスキー場である。

02

スキー場それ自体が回転することで、終わらないスロープを実現しているのだ。

03

まだ完成していないが、ぜひ世界中で実現してもらいエンターテイメントである。

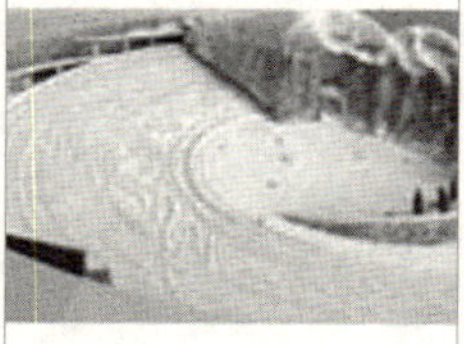

自分の行きたい方向を見続ける

http://www.positivepress.com/

ある講演でこういうことを聞いた。

「人は自分の向いている方向に進む傾向があります。車を運転しているとき壁に突っ込みそうになると、大抵の人は壁を見ながら突っ込んでいきます。本当は自分の進みたい方向を見れば自然にハンドルはそちらにきれるのです。それと同じで『忙しい、忙しい』と意識がそちらに向かえば確実に忙しくなります」

人はつねに自分のやりたいこと、実現したいことに意識を集中するべきなのだ。また、自分の好きな言葉に「Whatever you regist, persists（あなたが嫌がるものはなくならない)」という言葉がある。

世の中の暗いニュースばかりみていたら気分は暗くなってしまう。いつでも明るい気分で楽しく生活したい人には、Positive Pressがいいだろう。このサイトでは暗いニュースは一切排除し、世界で起きた明るいニュースだけを取り上げている。

自分が行きたい方向を向いているか、いつでもそうしたチェックができる仕掛けが生活の中に欲しいですね。

アイデア　084

明るいニュースしか流さないサイト

01

Positive Pressでは、読むとハッピーになれるような名言を毎日読むことができる。

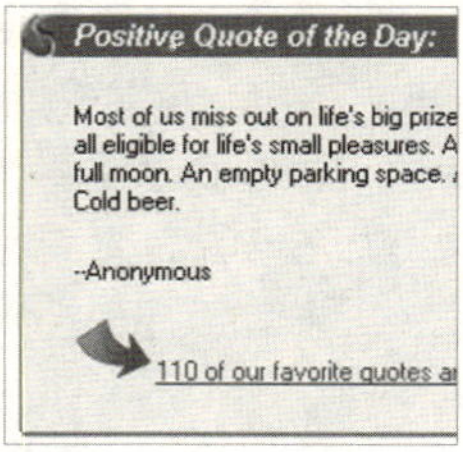

02

ハッピーになれるような世界のニュースも読むことができる。

03

メールマガジンも発行している。興味のある人は登録してみるといいだろう。

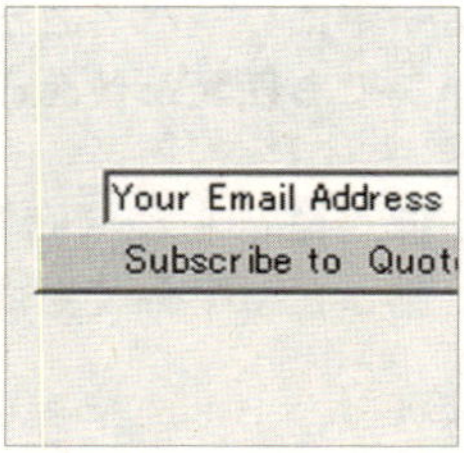

傾向を仕組みにする

http://www.speecheasy.com/

どもっちゃったり、うまくしゃべれない人は、ほかの人と一緒にしゃべるとうまくしゃべることができる。そういう傾向があるらしい。

だったら、ということで1人でしゃべっていても擬似的に〈ほかの人と一緒にしゃべっている状態〉を作れないだろうか、と考えたのがSpeechEasyである。

このサイトでは、耳にひっかける補聴器状の機器を販売している（耳の中に入れるタイプもある）。

この機器、自分がしゃべったことを聞き取り、ちょっと遅らせたり、声色を変えたりして耳の中にその音声を聞かせてくれる。

この仕組みによって、自分の声があたかも他人の声のように聞こえてくるので、誰かと一緒にしゃべっているような感覚になれる。結果としてどもりがちな人でもうまくしゃべることができる、というわけだ。

一緒にしゃべるとうまくしゃべれる、という傾向を、いつでも使える仕組みにまで落とした点がすばらしい。

ほかにどんな〈傾向〉が人間にあるか、友人や同僚と話し合ってみても面白いだろう。

アイデア　085

どもってしまう人がうまくしゃべれるようになる道具

01

どもってしまう人は、ほかの人と一緒にしゃべるとうまくしゃべれるという研究結果がある。その研究をうまく使ったのがSpeechEasyだ。

02

このサイトでは補聴器のような耳にはめる機器を開発している。

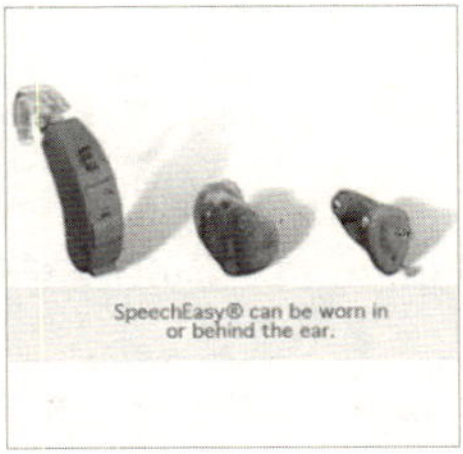

03

耳にはめておけば、自分の音声をちょっと変えて聞かせてくれる。そうすることによってほかの人と一緒にしゃべっているような効果を生み出し、結果としてうまくしゃべれるようになる。

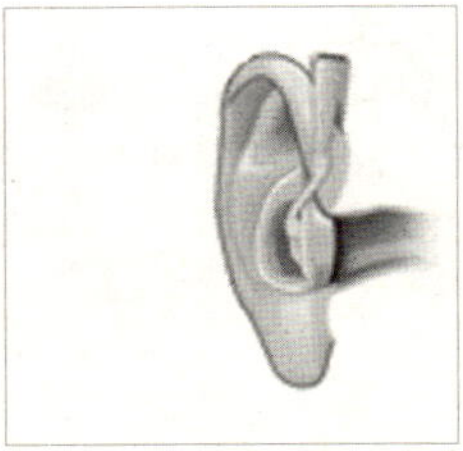

いつかはしなくちゃな、を発見する

http://www.upromise.com/

やらなくちゃなぁ、でも面倒だなぁ、なんて思ってしまうことの筆頭は貯金だと思う。

そこでUpromiseでは子供の学費を貯金しておくためのちょっと変わった口座を用意してくれている。変わっているのはその口座への預金方法である。

なんと、Upromiseと提携している企業で買い物をするとその金額の何パーセントかがその口座に自動的に貯まるようになっているのだ。貯金をしているという意識なしに、普通に買い物をしていれば貯金が貯まる、というすばらしい仕掛けである。

たとえばAT&Tでは毎月の長距離電話代の4%を、DELLでは買ったコンピュータの代金の2%をあなたのUpromise口座に支払ってくれるのだ。

結局はある一定条件下の割引であるが、その割引額が「あぁ、いつかはしなくちゃな」の〈貯金〉という行為に変換されるところがすばらしい。

いつかはしなくちゃな、というものを自動的に処理するためには何ができるだろうか。

アイデア　086

買い物をすると一定額が子供の学費用口座に自動的に振り込まれるサービス

01

ショッピングをすると割引サービスが受けられる。そういったサービスは数多くあるが、Upromiseでは一風変わった割引サービスを提供している。まずはUpromiseで無料会員登録をする。

02

そのあと、Upromiseと提携しているサイトにて普通にショッピングを楽しむ。

03

すると割引をしてくれるのだが、割引額は、大事な子供や孫、親戚の子供のための学費として自動的に貯金しておいてくれるのだ。買い物をすると同時に子供の将来に貢献できる。

情報チャネルとしてのメッセンジャー

http://www.conversagent.com/

「私は何でも知っているよ。ぜひ君の友達リストに加えてくれたまえ」

「え、誰だよ？ 何だ？」

「私の名前はConversagent。君の使っているインスタントメッセンジャーのシステムに常駐して君の聞きたいことを何でも答えてあげられるのさ。今日の株価の動きとか近くのピザ屋の電話番号とか何でも聞いてくれよ。あと、社内システムで使っている場合なんかは同僚のクリスちゃんの電話番号も教えちゃうぜ」

「クリスちゃんって誰、っていうかお前は誰だ？」

「だから私の名前はConversagent、何でも知っている君のお友達さ……」

まずクリスは男性であるということから教えなくちゃ。そう思って僕は軽くため息をついた。

そんな話は冗談として、**情報チャネルとしてのインスタントメッセンジャーという発想は面白いだろう。あなたなら、どんな情報がインスタントメッセンジャー経由で欲しいだろうか。**

アイデア　087

インスタントメッセンジャーから情報を検索できるサービス

01

Conversagentを使えば、いろいろな情報を教えてくれるお友達をインスタントメッセンジャーのお友達リストに加えることができる。

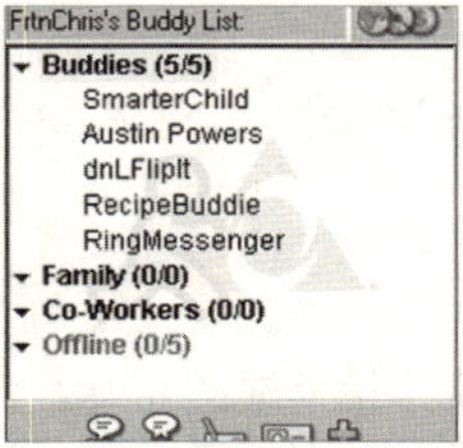

02

たとえば株価を教えてくれるConversagentもいる。インターネットで面倒な操作をしなくても、このConversagentに話しかけて株価を聞くだけでいい。

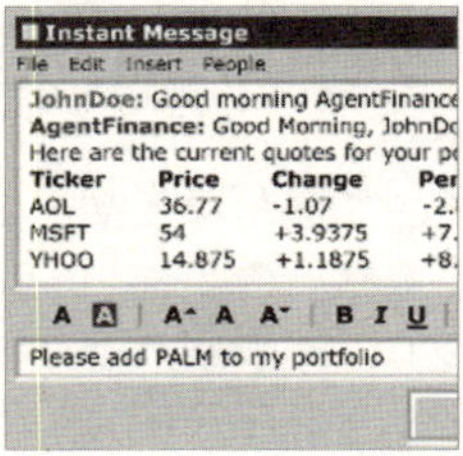

03

またConversagentはパソコンだけでなく、携帯電話や携帯情報端末などでも利用することができる。

予想もしなかった善意を演出してみる！

http://www.karmamachine.com/

英語の〈make a person's day〉という表現はわりに好きである。直訳すると誰かを喜ばせる、という意味になるだろうか。しかし単に喜ばせるのではなくて、予想もしなかったやり方で喜ばせる、といったニュアンスがあるように思われる。

レジで小銭がなくてあたふたしていたらうしろの人が小銭を出してくれたとか、通勤途中でランニングをしている学生に挨拶されたとか。たったそれだけの小さなことであるが、その日1日ハッピーでいられるような出来事があったときに「It totally made my day!」といった使い方をする。そう言っている人を見ると、こっちもなんだかハッピーになってしまうから不思議である。

さてそんな予想もしなかった小さな親切を演出させてくれるのがKarmaMachineである。このサイトでは匿名で「ありがとう！」だとか「笑って！」だとかのメッセージを好きなイラストに添えて送ることができる。送られた人はその日1日をハッピーに過ごせるだろう。

予想もしなかったやり方で善意を伝える。そうした仕掛けを1つ作るとしたら、どんな方法が考えられるだろうか。

アイデア　088

人を幸せにさせる匿名メッセージを送れるサービス

01

今日はあなたの周りの人を幸せな気分にしてあげよう！ と思い立ったらKarmaMachineを使ってみよう。お友達3人に匿名で幸せなメールを送ることができる。

02

まずは相手の名前、メールアドレス、メッセージ、そしてメッセージに添える絵を選ぼう。

03

するとこうしたメールが相手に送られる。匿名なので、見返りのない善意を演出できるのだ。

■ コラム：『e』をつけて妄想してみよう④

この製品やサービスをもっと便利にするにはどうしたらいいだろうか……。そう思ったら『e』をつけて発想してみよう。今までと違った視点を得られるかもしれませんよ。

e-バインダー　バインダーの中に入っている資料を自動的にスキャン、表紙の裏に目次、背表紙にタイトルをつけてくれる……といいなぁ。

e-ホチキス　ホチキスを打つたびにその回数が会社のセントラルホチキス管理サーバーに送信され、今月のホチキス回数が記録される。年度末にはホチキス回数大賞が発表される。

e-コンセント　従来のコンセントすべてを統合。電源、ガス、電話、イーサネット、USB、ケーブルTV……なんでもOK！のなんだかぐにゃぐにゃした感じのコンセント。

見えない世界が見えてくる

知りえなかったものを知る

http://www.googlealert.com/

ひょっとして俺のことを話しているのでは……。そんな疑心暗鬼なシーンはけっこうある。居酒屋で靴下に穴が開いているのに気づいたときとかね。

どんな人でも自分の評判は気になるものだ。

もし自分のネット上での評判が気になるのだったらGoogle Alertを使ってみるといいだろう。このサービスは、特定の語句をGoogleで定期的に検索し、その検索結果に変化があったときにメールで教えてくれる、というものだ。

自分や自社製品の名前を登録しておけばインターネット上で何か言われたときにそれをすぐ知ることができるだろう。

現実の世界で、いかにも陰口たたかれてるなぁ、という場合は対処のしようがある。だがネット上のどこかで何かを言われたとしてもそれを知る手段がなかった。

今まで知りえなかったものを知らせる仕組み。ネット上の評判以外にもそうした仕組みは作れそうだ。Google Alertがそのヒントとなるだろう。

アイデア　089

インターネットに新しい情報が登録されたら教えてくれるサービス

01

まずはGoogle Alertで無料会員登録し、サイトでログインしよう。

02

自分の興味のあるキーワードをあらかじめ指定しておく(最大3つまで)。

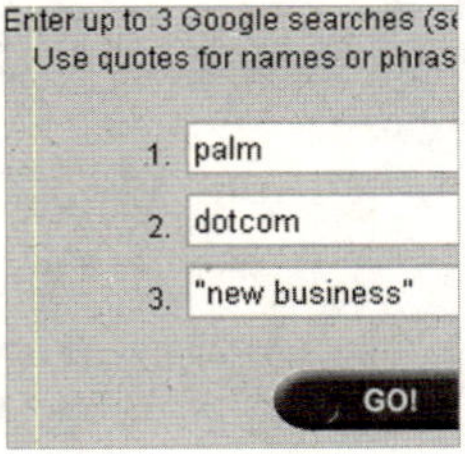

03

するとそのキーワードにひっかかる検索結果がメールで送られてくる。この検索は定期的に行ってくれる。

管理されてないものを管理する

http://www.link2it.com/

Link2itが販売しているFax2itは画期的である。新しい形でのファックス文書管理を可能にするからだ。

この機械、電話線とファックスのあいだに接続するだけで準備完了だ。それだけでそのファックスが受信、送信するすべての文書を画像に変換、保存しておいてくれる。

オフィスではさまざまな文書が管理されているが、ファックスとは盲点だった。プリントするようなファックスはファイルで残っていたりするだろうが、受信するファックスや、手書きでちょこっと、というファックスは管理されていない。

ちょっとしたことでもトラブルになりうる現代において、あらゆる文書を管理しておくにこしたことはない。しかもFax2itのように自動でやってくれるならこんなにすばらしいことはないだろう。

そう考えるとファックスに限らず、**まだまだ管理されていない文書はあるだろう。それらを自動で管理するための方法にはどんなものが考えられるだろうか。**

アイデア　090

送ったファックスも受け取ったファックスも全部自動で保存しておいてくれる機器

01

Fax2itをファックスにつなげるととても便利になる。

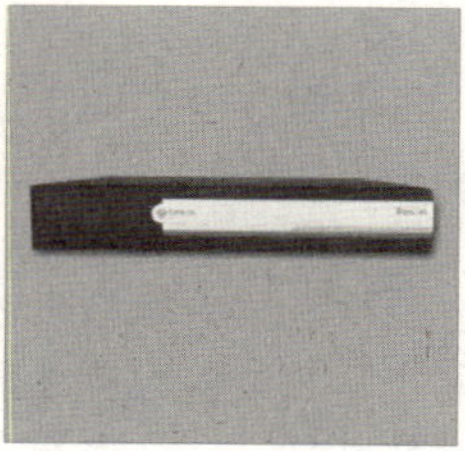

02

ファックスと電話線、そしてネットワークにつなげるだけでいい。

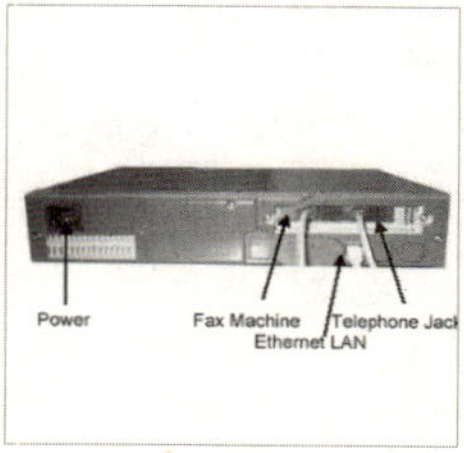

03

すると送ったファックス、受け取ったファックス、すべてがネットワークを通じて保存される。保存された文書はブラウザでいつでも見ることができる。

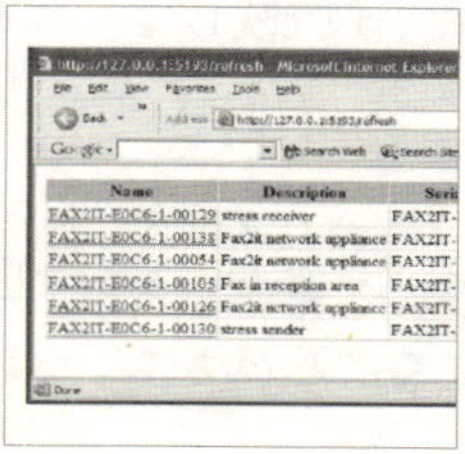

継ぎ目をなくす

http://www.seamlessdisplay.com/

小学生だか中学生のとき、モナリザのような名画を細かく5センチ四方くらいに分割して、それを模造紙に拡大して模写した思い出がある。

名画模写っていうんだっけ？ あれは共同作業でなかなか楽しかった。

しかし、やはりいろいろな人がいろいろな解釈で模写するので、継ぎ合わせてみると、継ぎ目のところでガタガタしたりする。あれはあれで味があるものだが、美的観点からいうとちょっとね、というものだった。

そんなことをSeamless Displayを見て思い出した。このサイトでは複数のディスプレイをつなげたとき、画像や映像を継ぎ目なくスムーズに映写できる技術を開発している。

普通、ディスプレイというと外枠があって、それらを並べると、その外枠が映像や画像の区切りとなってしまう。しかしSeamless Displayではディスプレイの隅々まで映してくれるので、継ぎ目のない映像が楽しめる。

ディスプレイに限らず、**継ぎ目が気になるものはほかにもあるだろう。そうした継ぎ目をどうしたらなくすくことができるか考えてみよう。**

アイデア 091

複数並べても継ぎ目が目立たないディスプレイ

01

横に並べても継ぎ目が目立たないディスプレイが開発された。ディスプレイの縁の部分で斜めに広がるように画像を映し出すことができるからだ。

02

フライトシミュレータなどのゲームも迫力満点だ。

03

ビジネスにももちろん応用可能だ。エクセルを複数の画面に映し出して使えば、今までにない生産性を発揮できるだろう。

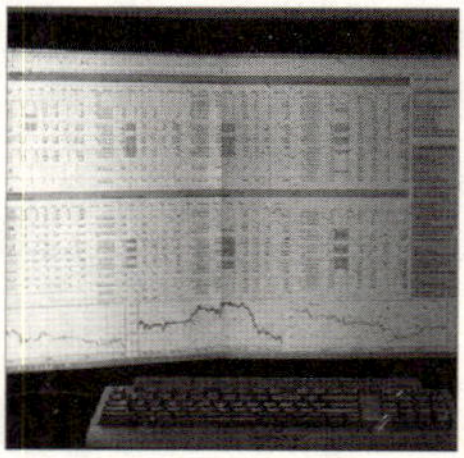

障害を超える

http://www.allinplay.com/

インターネットは時間と空間を超える、とはよく言われる。ただAll in Playを見ていると、時間と空間以外にも超えているものがあるのではないか、と思う。

このサイトではオンラインのポーカーゲームを提供している。ただし普通のポーカーでは、もちろんない。

なんとインターネットを通じて目の見えない人と健常者が同時にゲームを楽しめるのだ。目の見えない人は音声でもってゲームの状況を知ることができる。

この仕掛けがすばらしいのは、障害のある人たちだけに向けたサービスではなくて、障害のある人と健常者のあいだの架け橋となっている点である。

そう考えると、インターネットは時間や空間のほかに障害をも乗り越えているのではないだろうか。

障害を超えるインターネット、そういった切り口で考えてみると新しいサービスが思いつくだろう。

アイデア　092

目の見えない人と健常者が一緒に楽しめるゲーム

01

このサイトではオンラインのポーカーゲームをダウンロードすることができる。しかしもちろん普通のポーカーゲームではない。

02

このゲームは目の見えない人でも楽しめるように音声でゲームの流れを説明してくれるのだ。

03

この仕掛けによって、目の見えない人でもなんの不自由もなく世界中の人と一緒に遊ぶことができる。

ネットでできないもの

http://www.groopz.com/

オンラインショッピングが浸透してきた。24時間営業で在庫確認もすぐできるオンラインショッピングは便利だが、リアルな店舗でしかできないこともまだまだある。

そのうちの1つが買い物中の〈接客〉だろう。買い物に来ているお客の心理を観察し、タイミングよく商品をおすすめする。そんな機能はまだオンラインショッピングにはない。

と思っていたらGroopzを見つけた。このツール、サイト上での接客を実現してくれる。

具体的には自社サイトに来た人をリアルタイムで監視し、必要に応じてメッセージを送信することができるのだ。

サイトを見ていたら「何かお探しでしょうか？」とか「今なら10%割り引きますよ」と話しかけられる未来も近いのかもしれない。

リアルではできるけど、ネットではできない。〈接客〉以外にどんな機能が今、ネットに必要だろうか。

アイデア 093

ホームページに来た人にその場で話しかけられるシステム

01

ホームページを持っていると、そのホームページに、いつ、何人くらいの人が来て、どんな動きをしているかは気になるところである。

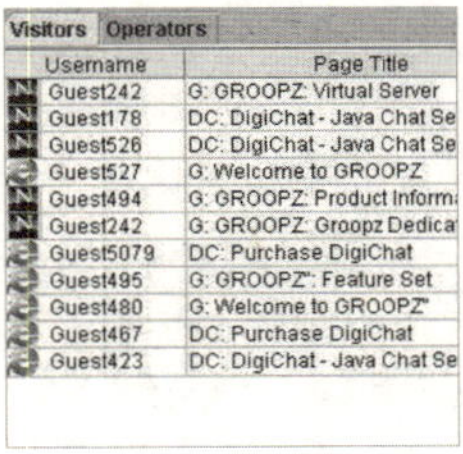

02

Groopzを使えば、リアルタイムに状況を把握することができる。今ホームページを見ている人がどこのサイトから来たかも一目瞭然だ。

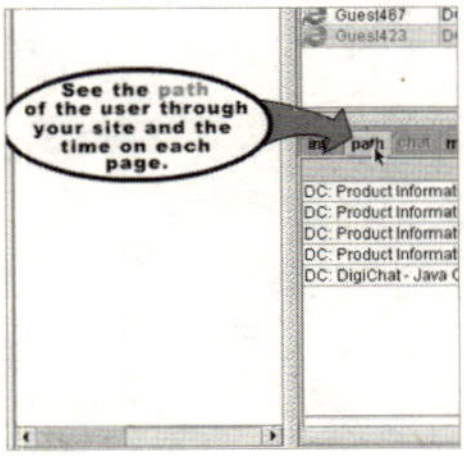

03

必要ならば自分のサイトを見に来ている人に話しかけることもできる。オンラインショッピングサイトを運営している人ならば、接客に使うこともできるだろう。

顧客の心も修復するサービス

http://www.drivesavers.com/

もし家が火事になりパソコンが燃えてしまったら。高いところから落としてパソコンが壊れてしまったら。車に轢かれたら。海に落としてしまったら。

DriveSaversではそういったパソコンを救うためのデータ復元サービスを10年以上にもわたって提供している。

DriveSaversのサイトには、彼らが今まで救ったパソコンが掲載されているが、これらパソコンの損傷ぶりといったら、「本当にこのパソコンからデータが復元できたの？」と目を疑うほどである。

また、同サイトには彼らのおかげで助かった、という有名人たちの感謝の言葉も掲載されており、スティングやショーン・コネリーもその名を連ねている。

このようにすばらしいサービスを展開しているDriveSaversだが、もっともすばらしいのは顧客担当が全員、カウンセリングのトレーニングを受けている点だ。

データをなくしたかもしれない、とパニック状態に陥っている顧客を落ち着かせ、破損したデータだけでなく、顧客の心も復元してくれる。

あなたの製品やサービスは顧客の心も満たしているだろうか。

アイデア　094

パソコンが悲劇的に壊れても（ほとんどの場合）データを救出してくれるサービス

01

火災、事故、天災、それらによってパソコンが壊れてしまった。でも大事なデータはパソコンの中。

02

そんなときはDriveSaversに電話しよう。どんなにひどい状態からでも最大限の努力をしてくれる。

03

「え、こんな状態からでも大丈夫だったの？」という嘘みたいな本当の話も掲載されている。興味のある人は読んでみてもいいだろう。

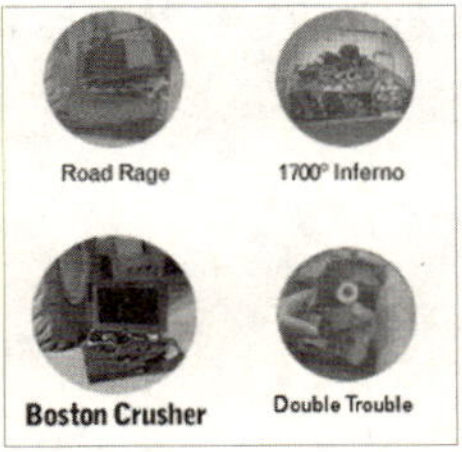

今までなかったオプション

http://www.groxis.com/

Groxisの検索ソフトウェアはとても便利だ。

何がすばらしいかというと、オンラインショッピングサイトと提携して今まで不可能だった検索オプションを提供してくれる点だ。

たとえば今まで次のような検索は無理だった。

「アマゾンでビートルズ関連のビデオが欲しい。値段は$20以下で、お客のレビューが三ツ星以上のもので、24時間以内に出荷してくれるもの」

Groxisはアマゾンと提携してこうした検索を可能にしている。Groxisは今後もこのような他サイトとの提携をすすめていく。将来的にはより細かくオークションに出品されている商品や人材情報を検索するといったことができるようになるだろう。

今まで不可能だった検索オプションを可能にする。ウェブ上の情報にかぎらず、そうしたコンセプトで考えると新しいサービスが展開できそうだ。

アイデア　095

他サイトと提携して今までにない検索オプションを提供してくれるサービス

01

Groxisのソフトウェアで検索すると、検索結果をグルーピングして一画面で表示してくれる。たとえばアマゾンでビートルズ関連の商品を検索してみた。

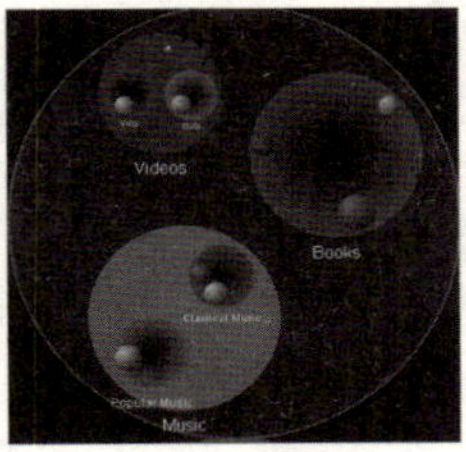

02

しかもその検索結果を販売価格で絞り込んでいくことも可能だ。条件からはずれた商品は表示されなくなる。

03

さらに客のレビュー情報や出荷時期といった検索オプションも用意されている。

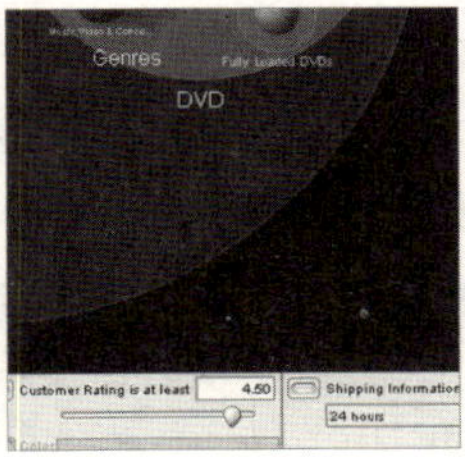

生返事に隠されたチャンス

http://www.spyfish.com/

「ダイビングに行きませんか」とよく聞かれる。あまりよくないことだが、「あぁ、いいですね」とついつい生返事をしてしまう（実はあまり行く気がないのだが）。

ダイビングは楽しそうなのだが、揃える装備やら事前の準備やらが大変そうである。もちろんそれらの準備の大変さをはるかに上回る楽しさがあるのだろうが、最初はどうもしり込みしてしまうのだ。

そんなときはSpyfishがいいだろう。これを使えば面倒な準備なしにダイビングの醍醐味をある程度味わうことができる。

Spyfishは、カメラのついた小型潜水艦だ。無線で操作が可能で、カメラに映った映像をこれまた無線で船上に設置したディスプレイに映し出してくれる。

これを使えば船の上にいながらリモコンで自在に海の中の景色を楽しむことができる。これで「ダイビングをやりたい！」という気分を盛り上げればさまざまな準備が気にならなくなるだろう。

「あぁ、もちろん……」といった生返事の裏には、解決すべき不便さが隠れているはずだ。生返事をしてしまうようなシーンを思い浮かべてみると、新しいビジネスのネタが思いつくのかもしれない。

アイデア　096

海に潜らなくてもきれいな海の様子を見られる水中カメラ付小型潜水艦

01

海底の素敵な世界を楽しみたい。でもスキューバのライセンスをとるのは面倒……。そんな人にはSpyFishがおすすめだ。

02

このSpyFish、カメラ付の小型無人潜水艦、モニター、リモコンから構成されている。

03

この潜水艦を海に沈め、手元のリモコンとモニターで、海底の神秘を楽しめるのだ。

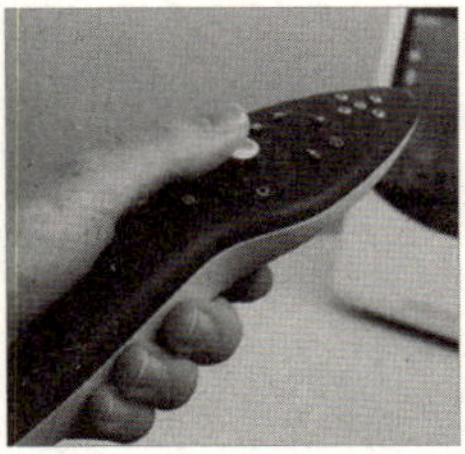

振り返らなくていい仕掛け

http://www.reevu.com/

街中を颯爽と駆け抜けていく自転車。実に気分がよさそうだ。

そうして見とれていると、自転車は交差点を曲がって消えていった。曲がるときにちょっとうしろを見て安全を確認しながら。

自分も自転車に乗るからわかるのだが、あのうしろを見る、というのはちょっと危険な瞬間だ。そう考えると、Reevuのヘルメットは便利だ。

このヘルメット、前を向いていながら後方を見ることができるバックミラーがついている。ちょうど視界の上方にうしろの景色が映されるのだ。これを使えばうしろを振り向くことなく後方の確認ができる。

顔をそちらに向けずに横やうしろを確認できる仕掛けがあるといろいろ便利そうだ。あなたが首を振って何かを確認しようとするシーンにはどんなものがあるだろうか。

アイデア　097

バックミラーのついたヘルメット

01

この流線型のヘルメットが、あなたのサイクリング生活を大きく変えてくれる。

02

内部には、複雑な反射鏡が仕込まれている。

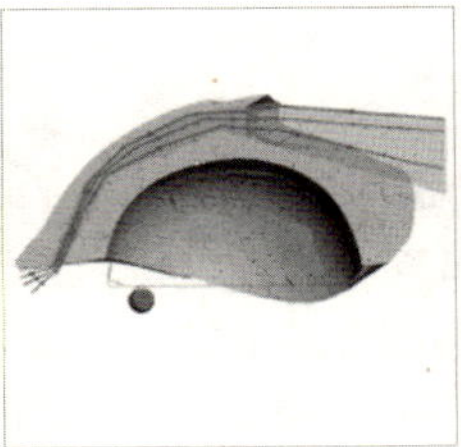

03

その反射鏡のおかげで、うしろで何が行われているか、わざわざ振り返らなくても把握することができるのだ。

善意によるマーケティング

http://www.thinkblank.com/

Thinkblankのシークレットサンタの企画はなかなか面白いと思う。こういうのを日本でもやってほしい。

シークレットサンタの仕組みは簡単だ。この企画に参加したいなら、誰に渡るかはわからないが何らかのプレゼントを1個オンラインで購入するだけである。その代わりに、クリスマスには自分にもほかの参加者からプレゼントが届く、という仕組みである。

ネットワークを通じた匿名プレゼント交換とでもいおうか。シンプルな仕掛けであるが、誰から何が届くかわからないというワクワク感がある。

しかも、この不景気にオンラインショッピングに拍車をかけて景気の回復に一役かうだろうし、なにしろ善意がもとになっているので受け取るほうも贈るほうもなんだか気分がいい、という点も見逃せない。

善意によるマーケティング。そんな切り口で新しい企画を考えてみよう。

アイデア　098

クリスマス時期に匿名でプレゼント交換ができるサイト

01

シークレットサンタの企画では、クリスマスの時期にインターネットを使った匿名プレゼント交換ができる。まずは自分の名前とメールアドレスを入れよう。

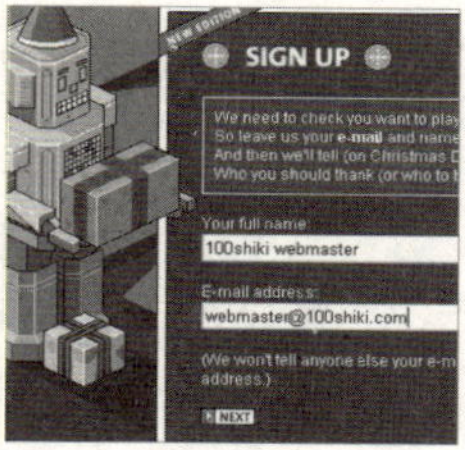

02

次に、ちょっとした自己紹介文を書こう。

03

最後に、自分が今何が欲しいのかを書き加えれば完了だ。クリスマスが近づくとあなたも誰かにプレゼントを買い、その代わりに誰かがあなたにプレゼントを買ってくれるのだ。

地球的なポジショニング

http://www.globalrichlist.com/

あー、お金がない。自分も含めてそう思っている人は少なくないはずだ（だよね？）。

そんな人はGlobal Rich Listでちょっと自分の地球的ポジショニングを試してみるといいだろう。

このサイトで自分の年収を入力すると、あなたが世界で何番目くらいにお金持ちかを表示してくれる。

ちょっと自分でやってみたが、かなりのお金持ちということがわかった。

これは世界中で貧困にあえぐ人がいかに多いか、ということを示してもいる。また逆に、世界の富はごく一部の人に集まっているということも示している。

これから何を読み解くか、そしてどんな行動に結びつけるかはあなた次第である。

ただ、〈地球的ポジショニング〉を教えるというアイデアは面白い。日々の忙しさで狭くなりがちな視野をぐっと拡げてくれるからだ。

アイデア 099

あなたが世界で何番目のお金持ちかを教えてくれるサイト

01

このサイトではあなたが世界で何番目のお金持ちかを教えてくれる。

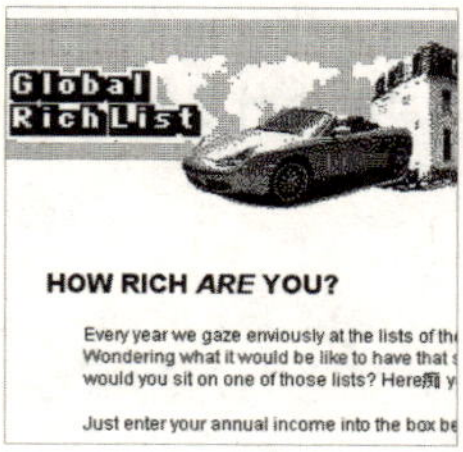

02

あなたの年収をドル換算で入力してみよう。

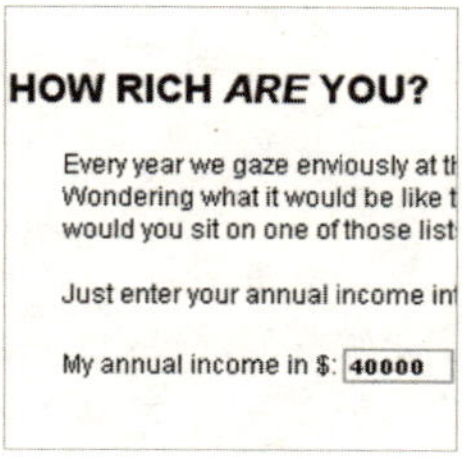

03

すると世界の中でどれくらいの位置に自分がいるかを教えてくれる。

まずは小さく始めてみる

http://www.10socks.com/

靴下というものはちょっと色が似ていたり、朝バタバタしていたり、急いで洗濯なんかしたりすると簡単に間違った組み合わせではいてしまうものである。ミーティングの最中なんかに気づいてしまうと相手には絶対見られるはずはないのに妙にどぎまぎしちゃったりする。

だったら、ということで10socksでは1から10まで番号の振られた靴下を販売している。

右の靴下と左の靴下には当然ながら同じ番号が振られているのでよほどのことがない限り間違えるわけがない。よく靴下をはき間違える人が買い求めてもいいし、忙しい人へのギフトとしても面白いだろう。

そもそも靴下なんてはき間違えたことないよ、という几帳面な方もたくさんいると思うが、ちょっとしたことでもビジネスになりうるというお手本のようなサイトなので取り上げてみた。

実際、完璧なビジネスアイデアはめったに存在するものではない。それより、ちょっとしたアイデアだけどとりあえず始めてみるというアプローチは悪くない。

"Think big, start small, and scale fast."（大きく考え、小さく始めて、素早く拡大する）**というインターネットビジネスのセオリーにもう1度立ち戻っていろいろ考えてみるのもいいだろう。**

アイデア　100

はき間違えないように番号が振ってある靴下

01

10socks.comではなかなかユニーク なビジネスを展開している。

02

なんと1から10まで番号のついた靴下を販売している。よく靴下の左右で違うものをはいてしまう人がいるが……（自分も含めて）。

03

このように左右ペアで番号を合わせておけば間違いないだろう。

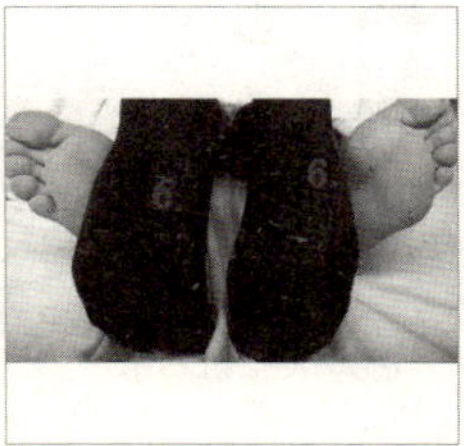

あとがき

ここまでお読みいただきありがとうございました。世界のアイデアは今、この瞬間にも無数に生まれています。もっともっと世界の最新アイデアを見たい方は『アイデア×アイデア』特設サイトをご覧下さい。

『アイデア×アイデア』特設サイトでは、まだまだアイデアを求めるあなたのために、

・まだまだある、世界のアイデア！
・世界のアイデアを見つける方法！
・世界のアイデアが見つかるサイトへのリンク集！

を用意してお待ちしています。今すぐアクセスしてみてください。

『アイデアアイデア』特設サイト
http://book.100shiki.com/

新しいアイデアに関する情報は、携帯電話からも見られます。
a@tkb.jp までメールを送ってください（件名、本文は不要です）。
*ドメイン指定解除を行っている方は tkb.jp からの受信を許可してください。

新しいアイデアは、世界のアイデアとあなたのアイデアをかけあわせた（×）ところから生まれます。あなたが〈アイデアのかけ算〉の達人になれますように！

では『アイデア×アイデア』特設サイトでお会いしましょう！

謝辞

本書の出版にあたっては、英治出版の原田英治社長、秋元麻希さんには大変お世話になりました。ここに深く御礼を申し上げます。

また『がんばれ社長』の武沢信行さん、『営業マンは断ることを覚えなさい』の石原明さん、松林博文さん、『犬も歩けば英語にあたる』の坂之上洋子さん（坂之上さんが経営するデザイン会社、ブルービーグル社には本書の装丁デザインにご協力いただきました！）、『Webook』の松山真之介さんには公私にわたりたくさんのアドバイス、ご支援をいただきました。ほんとうにありがとうございました。これからもよろしくお願いいたします。

『がんばれ社長』 http://www.e-comon.co.jp/
『営業マンは断ることを覚えなさい』 http://www.nihonkeiei-lab.com/
『犬も歩けば英語にあたる』 http://www.sakanoue.net/
『Webook』 http://webook.tv/
ブルービーグル http://www.bluebeagle.net/

また、『アイデア×アイデア』のタイトルを考えてくれた吉田淳一さん、ありがとう。

そして、『百式』をいつも支えてくれている読者の方、あなたのご支援がなければこの本も日の目を見ることはなかったでしょう。

最後になりますが、この本をお買い求めいただいたあなたに最大の感謝！ です。ありがとうございました！

百式管理人 田口元
2004/01/12

百式管理人・田口元（たぐち・げん）

一日一社、ユニークな海外ドットコムサイトを紹介するサイト『百式』を2000年1月より主宰。日本のビジネスパーソンの起業、企画、営業、雑談のネタにと土日を含め毎日更新。同サイトでは無料メールマガジンも配信している。雑誌への連載、講演講師など実績多数。豊富な海外ビジネス事例をもとにした調査・コンサルティング事業も展開。著書に『起業・企画・営業・雑談のネタは日常の諦めている不便利から』（英治出版）がある。

『百式』サイトは http://www.100shiki.com/ をご覧ください。
ご意見・ご感想・お問い合わせはお気軽に webmaster@100shiki.com までお願いいたします。

アイデア×アイデア

発行日	2004年　2月13日　第1版　第1刷
	2010年 12月15日　第1版　第3刷
著者	百式管理人・田口元（たぐち・げん）
発行人	原田英治
発行	英治出版株式会社
	〒150-0022 東京都渋谷区恵比寿南1-9-12 ピトレスクビル4F
	電話　03-5773-0193　　FAX　03-5773-0194
	http://www.eijipress.co.jp/
プロデューサー	秋元麻希
スタッフ	原田涼子　高野達成　岩田大志　藤竹賢一郎　山下智也
	杉崎真名　鈴木美穂　下田理　渡邉美紀　山本有子　牧島琳
印刷・製本	Eiji 21, Inc., Korea
装丁	田口元
校正	阿部由美子

Copyright © 2003 Gen Taguchi

ISBN978-4-901234-35-1　C0030　Printed in Korea

本書の無断複写（コピー）は、著作権法上の例外を除き、著作権侵害となります。
乱丁・落丁本は着払いにてお送りください。お取り替えいたします。